GESTÃO
COMUNITÁRIA
uma abordagem prática

GESTÃO COMUNITÁRIA
uma abordagem prática

Fernando G. Tenório
Org.

ISBN — 978-85-225-0694-1

Copyright © 2008 Fernando G. Tenório

Direitos desta edição reservados à
EDITORA FGV
Rua Jornalista Orlando Dantas, 37
22231-010 — Rio de Janeiro, RJ — Brasil
Tels.: 0800-021-7777 — 21-3799-4427
Fax: 21-3799-4430
e-mail: editora@fgv.br — pedidoseditora@fgv.br
web site: www.fgv.br/editora

Impresso no Brasil / *Printed in Brazil*

Todos os direitos reservados. A reprodução não autorizada desta publicação, no todo ou em parte, constitui violação do copyright (Lei nº 9.610/98).

Os conceitos emitidos neste livro são de inteira responsabilidade dos autores.

1ª edição — 2008
1ª reimpressão — 2012

Preparação de originais: Claudia Martinelli Gama

Editoração eletrônica: FA Editoração Eletrônica

Revisão: Aleidis de Beltran e Fatima Caroni

Capa: Alvaro Magalhães

        Ficha catalográfica elaborada pela
    Biblioteca Mario Henrique Simonsen/FGV

  Gestão comunitária: uma abordagem prática / Fernando G. Tenório
(org.); Ana Cristina Valente Borges... [et al.]. — Rio de Janeiro:
  Editora FGV, 2008.
  172 p. — (Coleção FGV Prática)

  Inclui bibliografia.

    1. Projetos comunitários. I. Tenório, Fernando Guilherme.
I I. Borges, Ana Cristina Valente. III. Fundação Getulio Vargas.
IV. Série.

                              CDD — 301.34

Sumário

Introdução 7

Capítulo 1
Elaboração de projetos comunitários 11
    Identificação 14
    Viabilidade 17
    Projeto 23
    Análise 33
    Caso prático 34

Capítulo 2
Administração de projetos comunitários 39
    Introdução 39
    Administração de recursos humanos 41
    Administração de recursos materiais 57
    Administração de recursos financeiros 67
    Caso prático 77

Capítulo 3
Avaliação de projetos comunitários 99
    Análise 99
    Acompanhamento 114
    Avaliação final (ou de impacto) 125
    Caso prático 137

Capítulo 4
Captação de recursos para projetos comunitários   141
    Por que captar e mobilizar recursos?   142
    Como captar recursos?   143
    Planejamento   146
    Fontes   151
    Outros aspectos   154
    Caso prático   161

Conclusão   169

Referências bibliográficas   171

Introdução

Este livro faz parte do objetivo do Programa de Estudos em Gestão Social (Pegs), da Escola Brasileira de Administração Pública e de Empresas (Ebape) da Fundação Getulio Vargas (FGV), que é promover a transferência de tecnologia social. Por tecnologia social, entende o Pegs todo conhecimento que, produzido no meio acadêmico, possa ser útil a processos que envolvam a participação cidadã. E, por participação cidadã, entende o Pegs todo método que contribua para processos democráticos de decisão. Assim, com este livro, o Pegs procura colocar à disposição de associações de moradores, bem como de coletivos de produtores e movimentos sociais, conhecimentos oriundos da administração que possam contribuir para a gestão de projetos comunitários.

Gestão de projetos comunitários é entendida pelo Pegs como um conjunto planejado de atividades que, por meio de processos participativos, procura atender às necessidades de uma comunidade. Comunidade é aqui entendida como todo espaço territorial que promove a solução de suas necessidades por meio do diálogo entre os seus diversos atores sociais. Portanto, a gestão de projetos comunitários implica a participação do poder público, do setor privado e da sociedade civil organizada, isto é, a interação entre o primeiro, o segundo e o terceiro setores. Não teria a qualidade do que é comum àqueles processos decisórios que, na busca da solução de problemas, não envolvam o conjunto da cidadania de um dado espaço urbano e/ou rural. Em vista disso, este livro se destina àquelas pessoas que, de forma direta, procuram solucionar carências em dados espaços territoriais.

O conteúdo aqui estruturado faz parte de uma experiência desenvolvida desde 1990 junto à Cáritas Arquidiocesana do Rio de Janeiro, que promove, com apoio do Pegs/Ebape/FGV, os cursos de elaboração, administração e avaliação de projetos comunitários. Esses cursos, implementados no segundo semestre de cada ano letivo, têm dois objetivos: promover a extensão universitária de alunos matriculados nos cursos regulares da Ebape, de graduação, mestrado e doutorado, e transferir tecnologia àquelas comunidades assistidas pelas pastorais vinculadas à Arquidiocese do Rio de Janeiro. Como esses cursos são substantivamente formulados a partir do ensino ministrado na Ebape, poderíamos considerar que tal iniciativa faz parte dos bens públicos produzidos pela FGV, em função da gratuidade dessa atividade didático-pedagógica. Atividade que é realizada acompanhando o seguinte método:

- no segundo semestre de cada ano letivo, é oferecida a disciplina eletiva Gestão Social I — Gestão de Projetos Comunitários, na qual, dependendo do semestre, serão discutidos os instrumentos de elaboração, administração ou avaliação de projetos;

- durante o mês de agosto e de forma intensiva, os graduandos, mestrandos ou doutorandos lêem textos e apresentam os resultados tanto de leituras que substanciam o significado pedagógico de como trabalhar com comunidades, quanto de textos que servem de referência instrumental para a elaboração, administração ou avaliação de projetos comunitários;

- durante os meses seguintes — setembro, outubro, novembro e concluindo na primeira quinzena de dezembro — são ministradas as aulas relativas ao tema em foco;

- ao término do semestre, os participantes apresentam um trabalho de final de curso cujo conteúdo poderá significar um *projeto planejado*, o exercício da *administração de um projeto* em andamento ou *avaliação* das duas modalidades anteriores; esse processo de ensino e aprendizagem tem continuidade no primeiro semestre de cada ano, com os alunos — graduandos, mestrandos e doutorandos — participando da disciplina eletiva Gestão Social II — Gestão de Projetos Comunitários, na qual farão a avaliação e o relatório da experiência do semestre anterior.

Portanto, este livro faz parte de uma experiência de mais de 15 anos da qual participaram cerca de 600 moradores de diferentes comunidades assistidas pela Cáritas Arquidiocesana do Rio de Janeiro e cerca de 80 alunos matriculados nos cursos regulares de graduação, mestrado e doutorado da Ebape/FGV. De outro lado, o conteúdo desta obra, após revisão nos conceitos, exemplos e acréscimos, tem origem nos seguintes livros: *Elaboração de projetos comunitários: uma abordagem prática*, *Administração de projetos comunitários: uma abordagem prática* e *Avaliação de projetos comunitários: uma abordagem*

Introdução

prática, publicados em algumas edições pela Editora Loyola com apoio do Centro de Desenvolvimento Comunitário (Cedac). Suspensos os direitos de publicação solicitados pelo Cedac à Editora Loyola, o Pegs decidiu reorganizar os três livros sob um mesmo formato, alterando parte da sua concepção original e acrescentando um novo capítulo ao texto.

Assim, esta nova obra, sob o título *Gestão comunitária: uma abordagem prática*, pretende não só dar continuidade àquele intento de 1990, quando o Pegs foi criado tendo como um de seus objetivos transferir tecnologia social, mas estender a divulgação de uma experiência de ensino que alia o conhecimento especializado da administração a práticas comunitárias.

Não podíamos concluir esta introdução sem agradecer àqueles alunos da Ebape/FGV que participaram da elaboração dos livros anteriores assim como da avaliação de suas possibilidades práticas;[1] ao Cedac, que apoiou as edições originais; e aos mestrandos da Ebape/FGV que no ano de 2007 colaboraram nesta nova edição: Ana Cristina Valente Borges, Carlyle Tadeu Falcão de Oliveira, Claudio de Souza Osias, Glauco da Costa Knopp, Rodolfo Muanis F. de Castro e Thaísa Restani Veras. Finalmente, os agradecimentos se estendem a todos aqueles que, oriundos de diversas comunidades do município do Rio de Janeiro, participaram como alunos nos cursos promovidos em conjunto com a Cáritas Arquidiocesana do Rio de Janeiro.

---

[1] Ana Heloísa da Costa Lemos, Eugênio L. Mendes, Flávio Murilo Oliveira de Gouvêa, Helena Bertho, Helenice Feijó de Carvalho, Ian Arthur Thomas G. de Subocki, James K. Leal, José M. Arruda, Marcelo Ernandez Macedo, Sady M. Junior, Vera Lúcia de A. Corrêa.

Capítulo 1

Elaboração de projetos comunitários

Figura 1
Etapas básicas da gestão de projetos

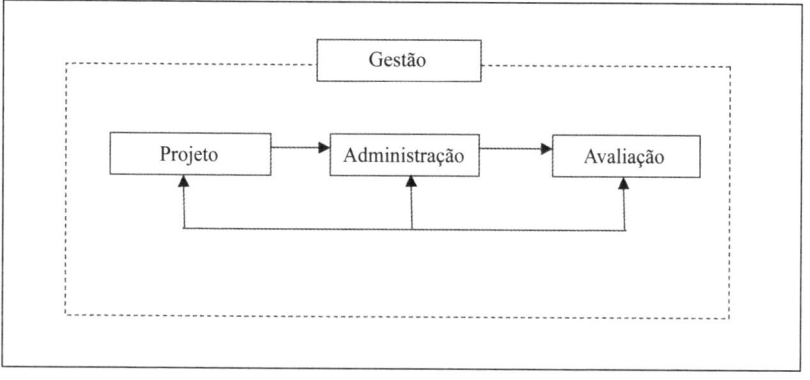

O que é um projeto comunitário?

Para responder a esta pergunta, precisamos definir antes: o que é projeto? O que é comunidade?

Projeto é o conjunto de informações organizadas em função do tempo, do espaço e dos recursos, visando alcançar os objetivos desejados.

Comunidade é um agrupamento de pessoas unidas por interesses comuns e que vivem dentro de uma área geográfica determinada (rural ou urbana).

O que se busca atender com um projeto comunitário?

Problemas, situações potenciais e programas de governo.

Projeto comunitário é um conjunto planejado de atividades que, por meio de um processo participativo, procura atender às necessidades da comunidade.

Problemas são quaisquer necessidades percebidas pela comunidade e que sejam viáveis de serem resolvidas pelos seus membros ou com apoio de terceiros.

Situações potenciais são recursos disponíveis na comunidade, como espaços físicos, ou recursos humanos especializados que possam contribuir em prol do bem comum.

Programas de governo e/ou de organizações da sociedade civil são empreendimentos previstos para o atendimento das necessidades da população com o propósito de desenvolver atividades de uma dada comunidade.

Um projeto comunitário pode ocorrer de forma complementar àqueles promovidos por governos — municipal, estadual, federal — e/ou organizações da sociedade civil.

A elaboração de um projeto divide-se em quatro etapas (figura 2).

A primeira etapa consiste na *identificação*: a partir da existência de um problema, de uma situação potencial ou programas referenciais, a idéia do que se deseja realizar começa a ser estudada. Ainda nesse momento, é feita a organização preliminar de dados e informações sobre o projeto.

Na segunda etapa, as informações são estudadas e alternativas são selecionadas, verificando-se a sua *viabilidade*. Essas duas etapas são também chamadas *anteprojeto*.

A terceira etapa é a de *elaboração do projeto*, programando, entre outros aspectos, as atividades e os recursos necessários à sua implementação, inclusive com a ordenação no tempo (hora, dia, mês ou ano).

A quarta e última etapa é a de *análise*, momento em que se faz o estudo crítico da importância do projeto para a comunidade, verificando se a proposta será capaz de atender às necessidades inicialmente identificadas. Cabe observar que essa quarta etapa poderá ser executada por uma ou mais instituições que venham a financiar o projeto parcial ou integralmente.

Figura 2
Etapas básicas na elaboração de projetos

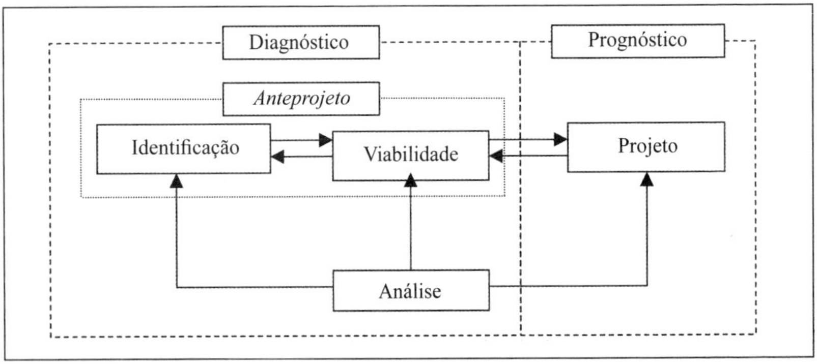

No quadro 1, é apresentado um roteiro detalhado, passo a passo, de como elaborar um projeto comunitário.

Quadro 1
Detalhamento das etapas de elaboração de um projeto

ELABORAÇÃO	IDENTIFICAÇÃO	❏ Levantamento do problema: identificação das demandas locais e definição do problema a ser solucionado
		❏ Formulação da estratégia de combate ao problema
		❏ Organização
		    ❏ caracterizar o problema (número de famílias, número de crianças, escolas, hospitais etc.)
		    ❏ especificar o local do projeto (área urbana/rural, bairro, município etc.)
		    ❏ identificar a importância das necessidades
		    ❏ definir os objetivos a serem alcançados
		    ❏ identificar os beneficiários do projeto
		    ❏ identificar os recursos necessários (financeiros, humanos, materiais e tecnológicos)

	VIABILIDADE	❏ Viabilidade técnica ❏ Viabilidade econômica ❏ Viabilidade financeira ❏ elaborar matriz de interdependência de recursos e atividades ❏ Viabilidade gerencial ❏ Viabilidade social ❏ Viabilidade ecológica

	PROJETO	❏ Diagnóstico
		❏ Beneficiários
		❏ Objetivos gerais e específicos
		❏ Justificativa
		❏ Programação das atividades
		❏ Metodologia de ação
		❏ Identificação de órgãos ou instituições apoiadoras e/ou financiadoras
		❏ Programação orçamentária dos recursos
		    ❏ orçamento detalhado
		    ❏ orçamento resumido
		❏ Administração da implantação do projeto
		❏ Metodologia de acompanhamento da implantação do projeto
		❏ Anexos

	ANÁLISE	❏ Estudo dos antecedentes do projeto ❏ Leitura do diagnóstico ❏ Pré-avaliação ❏ Aprovação do projeto

Identificação

Segundo Pedro Demo, são os seguintes os componentes básicos do planejamento participativo:

a) processo inicial da formação da consciência crítica e autocrítica da comunidade, por meio da qual se elabora o conhecimento adequado dos problemas que afetam o grupo, mas sobretudo a visão de que a pobreza é injustiça; trata-se de saber interpretar, entender, postar-se diante de si e diante do mundo; muitos chamam esta fase de autodiagnóstico (...);

b) tendo tomado consciência crítica e autocrítica, segue a necessidade de formulação de uma estratégia concreta de enfrentamento dos problemas, que saiba destacar prioridades, caminhos alternativos, propostas de negociação etc.; quer dizer, do nível de reconhecimento teórico, parte-se para a ação, dentro de um contexto planejado;

c) consumado o terceiro ponto, aparece a necessidade de se organizar, como estratégia fundamental para os dois passos anteriores; a competência se demonstra sobretudo na capacidade de organização, que é um teste fundamental dos compromissos democráticos do grupo, aliado ao desafio de fazer acontecer.[2]

O projeto deve ter uma estratégia de ação na qual a comunidade deixa de ser o sujeito passivo para ser o sujeito determinante do processo de transformação de sua condição socioeconômica e política. O projeto só alcançará resultados positivos se a população a ser beneficiada se envolver em todas as etapas de sua elaboração.

> Um bom plano de trabalho ajuda a gente a não perder tempo, a concentrar esforços nas coisas mais importantes sem perder o rumo que a gente traçar. A não cair no desânimo.
>
> Mas um bom plano tem de ser participativo, isto é, o próprio grupo que vai fazer o trabalho tem de fazer o plano. É o grupo que decide "o que fazer", "como fazer", "onde fazer" e "com quem fazer".
>
> Tem de acompanhar a vida, isto é, enquanto o grupo vai fazendo, vai aprendendo, vai descobrindo coisas, vai conquistando vitórias, no seu

---

[2] Demo, 1988:45.

bairro, na sua localidade, no seu município. Vai conquistando a parte que lhe cabe, que ele tem direito de possuir, mas que até hoje está em outras mãos. E com isso vai se organizando.[3]

As atividades a serem ainda desenvolvidas nesta etapa são descritas a seguir.

- *Levantamento do problema*: identificar os problemas e oportunidades locais a serem resolvidos ou explorados por meio do projeto comunitário. É fundamental a escolha de um único problema a ser atacado pelo projeto, a partir de uma decisão democrática que envolva o maior número possível de membros da comunidade.

- *Formulação da estratégia de combate ao problema*: decidir a melhor estratégia de combate ao problema — a comunidade tem recursos próprios para implementar o projeto? Será necessário o apoio de terceiros? Quais?

- Elementos para a *organização* do projeto:
  - levantamento de dados e informações preliminares, a fim de caracterizar o problema a ser estudado — por exemplo, o número de famílias, de crianças, de unidades hospitalares na comunidade ou nas proximidades, de escolas, de produtos cultivados;
  - especificação do local onde será implementado o projeto — área urbana ou rural na qual o projeto será realizado, isto é, localizar dentro do bairro, município ou estado o local onde o projeto será implementado;
  - identificação da importância das necessidades a serem atendidas dentro da área especificada;
  - definição dos objetivos a serem alcançados;
  - identificação dos beneficiários do projeto, o público, os clientes, as pessoas que serão favorecidas;
  - identificação dos recursos necessários — financeiros, humanos, materiais, tecnológicos, por exemplo.

---

[3] Falkembach, 1987:30.

Mais de uma possibilidade (alternativa) poderá ocorrer em cada um desses itens; portanto, todas deverão ser levadas em conta (enumeradas) para serem submetidas à avaliação quando do estudo de viabilidade. Essas informações ajudarão na construção do diagnóstico do projeto. Tomemos como exemplo uma comunidade que deseja implementar uma horta orgânica.

Ficha 1
Exemplo da etapa de identificação[4]

(...) situação de carência em que vive a comunidade, aliada à crescente criminalidade entre os jovens, com acentuado índice de desemprego e baixa escolaridade, fáceis de serem recrutados pelo tráfico ou já envolvidos, e adultos de ambos os sexos, na faixa etária acima de 35 anos, sem trabalho ou renda, sem condições de competir no mercado de trabalho, alto índice de mães adolescentes e pré-adolescentes, má qualidade de vida e saúde em que vive a comunidade, além da observação de existência de moradores de terceira idade ociosos, deprimidos, com baixa auto-estima, alguns casos de abandono familiar etc.

(...) população de 16 mil pessoas (segundo informações da associação de moradores local), (...) em que coexistem diversos problemas como violência, dificuldade de transporte, falta de saneamento básico adequado e problemas ambientais, agravados por uma população crescente de jovens em situação de risco e baixa escolaridade, fora do mercado de trabalho e sem condições de competir. (...) com áreas rurais, residenciais e industriais nos arredores. Um comércio pouco desenvolvido, sem nenhuma agência bancária ou loja de departamento (...) dois postos de saúde municipais, três escolas, uma casa da criança, uma creche comunitária, uma creche da prefeitura e vastos terrenos baldios, sujeitos a invasões desordenadas e proliferação da marginalidade.

O objetivo do projeto é propor uma ação conjunta para que, por meio do plantio e venda de produtos orgânicos, consigamos gerar trabalho, renda, ressocialização, cidadania, auto-sustento etc. Os beneficiários diretos são os jovens, adultos e todos aqueles que participarem da produção; os beneficiários indiretos são os dependentes destes, as famílias do entorno, as creches, jardins de infância, escolas, a comunidade como um todo, o comércio local e o meio ambiente.

---

[4] As descrições apresentadas nas fichas ao longo do livro são exemplos de experiências de projetos comunitários elaborados nos cursos implementados com o apoio da Cáritas Arquidiocesana do Rio de Janeiro.

Viabilidade

Nesta segunda etapa, os dados e informações serão mais bem organizados, procurando verificar até que ponto o projeto será ou não viável. Trata-se de examinar qual das alternativas enumeradas na etapa anterior será a mais efetiva em termos técnicos, econômicos, financeiros, gerenciais, sociais e ecológicos. Ou seja: é o resultado do estudo que permite perceber se é possível solucionar determinado problema a partir das condições existentes.

Quadro 2
Tipos de viabilidade

Viabilidade	Descrição
Técnica	Verificar se as tecnologias escolhidas serão adequadas em relação aos recursos a serem aplicados e resultados possíveis de serem alcançados
Econômica	Verificar se os recursos naturais, humanos e materiais existentes atenderão às necessidades do projeto
Financeira	Verificar se existirão recursos financeiros que poderão viabilizar a execução do projeto
Gerencial	Verificar a adequação dos aspectos legais e técnicos da administração do projeto
Social	Verificar as conseqüências sociais resultantes da implantação do projeto
Ecológica	Verificar as conseqüências do projeto para a proteção do meio ambiente

Viabilidade técnica

Tratando-se de um projeto comunitário cujos objetivos são comprometidos com a participação efetiva da comunidade, a viabilidade técnica significa o modo como a tecnologia — os métodos ou instrumentos de trabalho disponíveis em uma determinada situação — envolve o processo total, desde a identificação das necessidades à avaliação dos resultados obtidos. Esse procedimento, que ocorrerá durante o projeto e após o seu término, contribuirá para enriquecer o processo, tornando os meios, técnicas e estratégias cada vez mais efetivos.

Seja um projeto de criação de uma creche ou de cultivo de hortaliças, por exemplo, sua operação dependerá do uso de tecnologias. Portanto, o estudo de viabilidade técnica vai verificar se as tecnologias escolhidas serão adequadas quanto à relação entre recursos aplicados e resultados possíveis de serem alcan-

ções. Para o caso de um projeto de cultivo de hortaliças, a análise da viabilidade técnica verificará se o solo e a água existentes na área são compatíveis com as variedades de cultivos planejadas; se a tecnologia prevista para o plantio atende às alterações climáticas; se o processo de comercialização — transporte, armazenamento e estradas — está bem dimensionado. No caso da creche, o estudo de viabilidade técnica verificará, fundamentalmente, a capacidade profissional e experiência, determinação e visão política das pessoas que ali trabalharão e a proposta metodológica empregada no projeto.

Viabilidade econômica

O estudo de viabilidade econômica verificará qual a contribuição que o projeto trará para a comunidade como um todo. Portanto, esse estudo estará centrado nos fatores de produção: recursos naturais (solo, água, adubo, sementes etc.) e recursos humanos (professor, técnico agrícola, agrônomo, assistente social etc.) a serem combinados em função da produção (caso do projeto de hortaliças) ou do processo educativo decorrente da prestação de serviços (creche) que o projeto venha a atender.

Nessa análise devem ser também levados em consideração os recursos já existentes, observando-se seu comportamento dentro da realidade da comunidade.

Viabilidade financeira

Essa análise deverá estar centrada nas despesas e receitas que existirão durante a execução do projeto. Os resultados dessa análise devem assegurar que os recursos financeiros sejam suficientes para cobrir os custos de implementação do projeto, conforme a programação prevista. Outro aspecto desse estudo é o de verificar a possibilidade de recuperação das despesas realizadas, bem como dos investimentos porventura feitos pelos financiadores do projeto.

Visando tornar mais objetivo esse tipo de análise, sugerimos utilizar a matriz de interdependência de recursos e atividades (quadro 3), na qual podem ser visualizadas as relações entre as principais atividades e os diferentes recursos necessários à execução do projeto. A matriz é um instrumento que auxilia a demonstração das relações entre as atividades planejadas e os recursos necessários à sua execução.

Quadro 3
Matriz de interdependência de recursos e atividades

Atividades	Recursos				
	Humanos	Materiais	Tecnológicos	Informações/ informantes	Financeiros

No exemplo para a criação de uma horta orgânica, várias atividades poderão anteceder a execução do plantio. Uma delas é a procura, dentro da área do projeto, da disponibilidade de espaço e recursos humanos adequados para o desenvolvimento de uma horta. Caso haja esse espaço, ele deverá ser considerado um recurso já existente. A matriz de interdependência de recursos e atividades nesse projeto foi preenchida da forma mostrada na ficha 2.

Ficha 2
Exemplo de matriz de interdependência de recursos e atividades no projeto para uma horta orgânica

Atividades	Recursos				
	Humanos	Materiais	Tecnológicos	Informações	Financeiro
Identificar o terreno e legalização	Diretores e técnico agrícola	Fotos, trenas, mapas, documento do terreno	–	Comunidade e padre	–
Avaliação do tipo e potencial do solo e valor do terreno	Técnico agrícola	Porção da terra e equipamentos	Técnicas agrícolas	Donos ou responsáveis pelo terreno e mestre-de-obra	Terreno orçado em R$ 10.000,00
Identificar veio de água para irrigação	Técnico agrícola/ agrônomo	–	Técnica de geologia	Técnicos experientes	–
Topografia do terreno, divisão dos canteiros	Topógrafo, técnico agrícola, agrônomo	Ferramentas de jardinagem, trena	Técnicas agrícolas	Engenheiro agrônomo ou técnico agrícola	–

Continua

Atividades	Recursos				
	Humanos	Materiais	Tecnológicos	Informações	Financeiro
Levantamento de mão-de-obra, pesquisa de necessidades de ferramentas	Diretores	Pá, enxada, sacho, baldes, ancinho, regador, colher de muda, tesoura de poda etc.	Técnica de recursos humanos	Comunidade, pesquisa local	–
Capacitação de pessoal (20 jovens em dois turnos)	Diretores	Instrutor agrícola, material didático, ferramentas	Técnicas agrícolas	–	–
Aquisição de sementes, mudas e adubos	Pastoral da Criança/ diretores	Sementes e mudas	–	Participantes do projeto e técnicos	–
Construção dos canteiros	Técnico agrícola, jovens e adultos	Cercas, enxadão, enxada, carrinho de mão etc.	Técnicas agrícolas e de construção	Técnicos agrícolas	–
Preparo do solo, plantio e manutenção	Equipe de jovens, adultos e técnicos	Adubos orgânicos, mangueira d'água, enxada etc.	Técnicas agrícolas	Técnicos	–
Revisão periódica, colheita e distribuição/ renda	Técnico orgânico, jovens coordenadores e adultos	Tesoura de poda, bancada, embalagem, carrinho de mão, cestas e balaio	Técnicas aprendidas nas parcerias	Técnicos, coordenadores jovens e adultos	–
Estudo de viabilidade do projeto	Diretores e equipe de elaboração do projeto	–	Conhecimento de plantio de horta orgânica	Dados levantados, pesquisa de preços de materiais	–

Viabilidade gerencial

A análise desta viabilidade deve ser feita levando em consideração o aspecto legal e técnico da administração do projeto. No primeiro caso, o estudo verificará se o projeto atende a requisitos como a legalização do terreno ou da situação fundiária (forma como se encontra a posse ou uso da terra) da região. Quanto ao aspecto técnico, a análise verificará se as especificações técnicas, preliminarmente elaboradas, atenderiam às necessidades gerenciais do projeto.

Nesta análise deverá ser também verificado se a(s) instituição(ões) financiadora(s) do projeto tem(têm) agilidade para desembolsar os recursos segundo as necessidades programadas.

Viabilidade social

Na etapa de identificação, dados e informações sobre os hábitos (higiênicos, alimentares etc.) e práticas sociais (participação, envolvimento político) da população a ser beneficiada pelo projeto são levantados a fim de facilitar o diagnóstico da situação. No entanto, é quando se faz o estudo de viabilidade social que serão verificadas as conseqüências sociais que surgirão em decorrência dos investimentos realizados pelo projeto. Dependendo dos objetivos do projeto, as conseqüências podem ser, entre outras: criação de oportunidade de emprego, melhoria da distribuição da renda, capacitação participativa e qualidade de vida por meio de melhores serviços de saúde, transporte, habitação, saneamento básico e lazer.

Viabilidade ecológica

Esta análise procura verificar quais as conseqüências do projeto para a proteção do meio ambiente. Assim, no estudo de viabilidade ecológica verificar-se-á se existem atividades programadas junto à população rural ou urbana sobre a importância da preservação do meio ambiente; se há preocupação com os efeitos negativos pelo uso de agrotóxicos; se estão bem dimensionadas as instalações sanitárias, a fim de que não se poluam os reservatórios de água potável. Por exemplo, o uso indiscriminado de herbicidas ou fertilizantes na lavoura poderá produzir efeitos colaterais maléficos não só para a população diretamente envolvida no cultivo, como para o produtor rural e também para os consumidores dos produtos.

Os estudos de viabilidade na elaboração de um projeto comunitário não se esgotam com a identificação desses seis aspectos: técnico, econômico, financeiro, gerencial, social e ecológico. Na realidade, outros elementos poderão servir de parâmetros para a análise de viabilidade. No entanto, consideremos esses seis aspectos os básicos, e a maneira de utilizá-los não deve ser isolada, isto é, eles devem ser vistos de forma integrada, em que o resultado da análise de uma viabilidade influenciará as outras (figura 3).

Figura 3
Análise de viabilidade

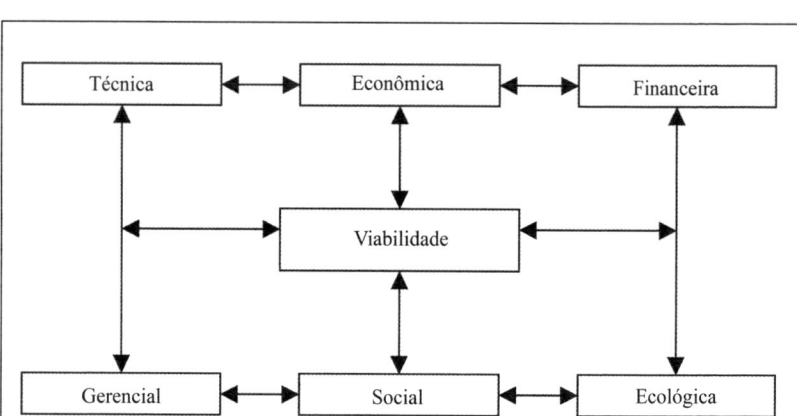

Em resumo, o processo de diagnóstico é efetuado para se conhecer a realidade, fazendo-se as seguintes perguntas:

- quais os principais problemas?
- quais as maiores necessidades?
- quais as possibilidades de mudar essa realidade?

Esse diagnóstico pode ser feito de "vários modos", segundo Falkembach:

- em reuniões de grupo;
- através de entrevistas;
- pela observação;
- pelo teatro;
- através de documentos escritos;
- através de tudo que nos ajude a ver criticamente e compreender melhor a realidade.[5]

---

[5] Falkembach, 1987:30.

Projeto

Este é o momento/etapa em que ocorre a redação do projeto.

Diagnóstico

É o momento em que são levantados os dados e informações preliminares, a fim de se obter uma "radiografia" da atual situação, em que devem ser considerados aspectos sobre a análise da área urbana ou rural. Incluem-se no diagnóstico informações de natureza socioeconômica — como, por exemplo, renda familiar, número de famílias, hábitos, costumes, expectativas —, além de outras informações que venham a caracterizar a situação estudada. Essas informações são previamente levantadas para atender à etapa de identificação.

Na ficha 3, encontra-se um exemplo de diagnóstico para a criação de um projeto de uma horta orgânica.

Ficha 3
Exemplo de diagnóstico

A situação de carência em que vive a população desses bairros, aliada à crescente criminalidade entre os jovens, o acentuado índice de desemprego entre os jovens (ociosos, sem trabalho, sem rumo, de baixa escolaridade, fáceis de serem recrutados pelo tráfico ou já envolvidos) e adultos de ambos os sexos (na faixa etária acima de 35 anos, sem trabalho ou renda, sem condições de competir no mercado de trabalho), alto índice de mães adolescentes e pré-adolescentes, má qualidade de vida e saúde em que vive a comunidade, além da observação de existência de moradores da terceira idade ociosos, deprimidos, com baixa auto-estima, alguns casos de abandono familiar etc.

Com uma população de 16 mil pessoas (segundo informações da associação de moradores local), um comércio pouco desenvolvido, sem nenhuma agência bancária ou loja de departamento, um sistema educacional que está longe de atender satisfatoriamente à demanda, dois postos de saúde municipais, três escolas, uma casa da criança, uma creche comunitária, uma creche da prefeitura e vastos terrenos baldios, sujeitos a invasões desordenadas e proliferação da marginalidade.

O objetivo do projeto é propor uma ação conjunta, para que, por meio do plantio e venda de produtos orgânicos, consigamos gerar trabalho, renda, ressocialização, cidadania, auto-sustento etc. Os beneficiários diretos são os jovens, adultos e todos aqueles que participarem da produção; os beneficiários indiretos são os dependentes destes, as famílias do entorno, as creches, jardins de infância, escolas, a comunidade como um todo, o comércio local e o meio ambiente.

Beneficiários

Os beneficiários de um projeto são todos aqueles que, direta ou indiretamente, serão favorecidos com a sua implantação e podem ser classificados em diretos e indiretos. Na ficha 4, é apresentado um exemplo de aplicação no projeto de horta orgânica.

Ficha 4
Exemplo de beneficiários

Diretos:	jovens, adultos da comunidade e todos aqueles que participarem da produção
Indiretos:	os dependentes destes, as famílias do entorno, as creches, jardins de infância, escolas, a comunidade como um todo, o comércio local e o meio ambiente

Objetivos gerais e específicos

Os objetivos de um projeto dizem respeito aos propósitos, aos resultados que se deseja alcançar com a sua implantação, a curto, médio ou longo prazo. Os objetivos de um projeto podem ser divididos em objetivo geral e objetivos específicos.

O objetivo geral é o propósito mais amplo, mais genérico do projeto, que, se alcançado, dará resposta ao problema. Já os objetivos específicos são os desdobramentos do objetivo geral, consistindo estes em metas que viabilizarão a resposta buscada.

Na ficha 5, é mostrado um exemplo do projeto de horta orgânica.

Ficha 5
Exemplo de objetivos geral e específicos

Objetivo geral
- promover, por meio de uma horta orgânica comunitária, a geração de renda e a ressocialização dos habitantes da comunidade

Objetivos específicos
- preservar o meio ambiente
- promover a reeducação alimentar na comunidade e entorno
- promover o interesse pela agricultura orgânica familiar
- mobilizar o comércio local e a comunidade
- capacitar jovens e adultos

Justificativa

A justificativa é a demonstração da importância do projeto na solução dos problemas enfrentados pela comunidade. A ficha 6 apresenta um exemplo do projeto de horta orgânica.

Ficha 6
Exemplo de justificativa

Justificativa

Levadas pela necessidade de contribuir para a mudança desta realidade, garantir condições de vida e sobrevivência, e a geração de renda com inclusão social, essas mulheres decidem pesquisar terrenos subutilizados existentes na comunidade, que tenham terra fértil e que favoreçam o plantio e produção de alimentos de qualidade tanto para autoconsumo quanto para comercialização.

Nessa busca, encontramos um espaço com metragem de 35 m x 14,80 m. Um terreno de solo fértil, terra preta e bastante minhoca, próximo à encosta de morros. Vasta área sem utilização, sujeita a invasão, a qual está sendo cedida pelo pároco da paróquia local, para o plantio da horta orgânica.

Programação das atividades

A programação ou o cronograma das atividades serve para se ter a noção da distribuição das ações ao longo do tempo, sua ordem de realização e duração na implantação do projeto. Além de auxiliar no gerenciamento e controle dos trabalhos, permite, de forma rápida, a visualização de seu andamento. Na ficha 7, apresentamos a aplicação da programação de atividades no exemplo do projeto de horta orgânica.

Ficha 7
Exemplo de programação das atividades

Nº	Atividades	Semanas					
		1	2	3	4	5	6
1	Identificar e medir o terreno	X					
2	Analisar a qualidade do solo	X					

Continua

Nº	Atividades	Semanas					
		1	2	3	4	5	6
3	Projetar os canteiros/obras e paiol	X	X	X	X		
4	Elaborar o orçamento de materiais e utensílios		X	X	X		
5	Identificar a mão-de-obra necessária		X	X			
6	Analisar a viabilidade do projeto	X	X	X			
7	Capacitar pessoal (20 jovens em dois turnos)			X	X	X	
8	Adquirir sementes, mudas e adubos			X			
9	Construir canteiros e área de processamento (galpão)	X	X	X	X	X	X
10	Preparar o solo, fazer o plantio e a manutenção				X	X	
11	Acompanhar periodicamente o projeto	X	X	X	X	X	X
12	Efetuar a colheita, a distribuição e a venda					X	X

Metodologia de ação

Todo o procedimento utilizado na elaboração do projeto precisa ser documentado para que outros grupos interessados possam reproduzir as etapas seguidas pelos participantes do projeto e também para servir no processo de justificativa apresentado a instituições apoiadoras e/ou financiadoras.

Ficha 8
Exemplo de metodologia de ação

A elaboração do projeto de horta orgânica foi feita por um grupo de oito moradores da comunidade Alfa. O grupo realizou uma primeira reunião para definição dos passos a serem dados. Na paróquia, juntamente com o pároco e um mestre-de-obras, estabeleceram-se os primeiros passos para a elaboração da horta orgânica e a execução do projeto. Essa equipe convocou a assembléia da comunidade para expor seus objetivos. Foram realizadas reuniões de trabalho e os resultados apresentados à comunidade. A participação foi o elemento-chave no processo de elaboração do projeto, tanto por parte dos membros da equipe quanto por parte da comunidade de uma maneira geral.

Identificação de órgãos ou instituições apoiadores e/ou financiadores

Para concretizar um projeto, necessita-se de apoio financeiro e/ou técnico. Esse apoio poderá ser de diversas formas — seja a cessão de técnicos especializados, o aporte de recursos financeiros ou a doação de materiais — e é comum ter diversas origens.

Na ficha 9, identificamos órgãos e instituições que poderiam apoiar um projeto de horta orgânica.

Ficha 9
Exemplo de identificação de órgãos ou instituições apoiadores e/ou financiadores

- Pastoral da Criança: doação de sementes e informações sobre utilização da produção para alimentação de crianças em situação de desnutrição ou deficiência alimentar
- Paróquia da comunidade Alfa: cessão do terreno, divulgação e apoio geral nas atividades a serem desenvolvidas
- Empresa Brasileira de Pesquisa Agropecuária (Embrapa): orientação sobre formas de plantio, uso e conservação do solo
- Empresa de Assistência Técnica e Extensão Rural do Estado do Rio de Janeiro (Emater): análise das condições do solo e avaliação da terra
- Faculdade de Agronomia: orientação quanto ao plantio e organização dos canteiros
- Prefeitura: cursos de horta orgânica para os jovens, adultos e diretores envolvidos no projeto

Programação orçamentária dos recursos

A programação orçamentária dos recursos serve para termos uma visão global de tudo o que será gasto e arrecadado na implantação do projeto de acordo com sua natureza de utilização. Cabe observar que a programação orçamentária, nesse momento, diz respeito apenas ao período de implantação do projeto; no capítulo sobre administração de projetos comunitários, o orçamento assume o papel e as características necessárias para a administração financeira do projeto.

É o plano orçamentário das despesas (gastos) e receitas (ganhos) durante a etapa de implantação do projeto. Portanto, o orçamento mostra as receitas e despesas do projeto dentro de um período limitado (o tempo de implantar o projeto).

Ficha 10
Exemplo de um orçamento detalhado

Discriminação	Unidade	Quantidade	Unitário (R$)	Total (R$)
1. MATERIAL DE CONSTRUÇÃO				
Tijolos	milheiro	2	299,00	598,00
Areia lavada (m)	metro	6	29,90	179,40
Terra de emboço	metro	3	29,90	89,70
Pedra nº 1 (caminhão 8 m)	metro	1	422,83	422,83
Cimentcola (20 kg)	saco	20	5,49	109,80
Cimento (60 kg)	saco	50	12,75	637,50
Caixa d'água (1.000 l)	unid.	1	188,00	188,00
Vara de ferro ¼ (12 m G/belgo)	unid.	20	12,50	250,00
Arame recozido Gerdau (kg)	kg	6	5,95	35,70
Prego 17 x 27 (kg)	kg	6	5,90	35,40
Peça 3 x 3 c/ 3 m maciça bruta	unid.	6	19,25	115,50
Tábua 30 pínus c/ 30 m bruta	unid.	6	11,85	71,10
Sarrafo 15 pínus c/ 30 m bruta	unid.	10	5,70	57,00
Conduíte ¾ rolo	rolo	1	9,99	9,99
Fio rígido 2,5 mm (100 m)	rolo	6	79,99	479,94
Receptáculo de louça	unid.	6	1,60	9,60
Tomada	unid.	4	5,40	21,60
Inter. Blanc. 1 sc Fame 0560	unid.	6	5,40	32,40
Tubo roscável ½	unid.	8	13,50	108,00
Joelho ½ x 90 hidr.	unid.	10	12,50	125,00
Tê ½	unid.	8	1,70	13,60
Torneira PVC (10 cm)	unid.	6	2,00	12,00
Caixa de descarga c/ botão	unid.	2	32,00	64,00
Fita veda-rosca (25 m)	rolo	2	2,20	4,40
Fita isolante (10 m)	rolo	2	2,60	5,20
Lâmpada incand. 100W 127v	unid.	6	1,09	6,54
Adesivo plástico 75 g	unid.	2	3,75	7,50

Continua

Discriminação	Unidade	Quantidade	Unitário (R$)	Total (R$)
Caixa de luz laje isopor PVC	unid.	4	2,20	8,80
Caixa p/ 3 disjuntores PVC	unid.	1	12,65	12,65
Arame farpado (100 m)	rolo	2	45,00	90,00
Laje 12 m²	metro	12	12,60	151,20
Total				**3.952,35**
2. Móveis e utensílios				
Filtros	unid.	2	60,00	120,00
Mesas 2 x 0,80 m	unid.	2	120,00	240,00
Bancada 1,80 x 0,70 m	unid.	2	220,00	440,00
Total				**800,00**
3. Ferramentas e utensílios				
Carrinho de mão	unid.	4	96,00	384,00
Ancinho	unid.	4	15,00	60,00
Pá	unid.	4	19,00	76,00
Enxada	unid.	4	13,00	52,00
Foice	unid.	4	14,00	56,00
Total				**628,00**
4. Material de apoio				
TV 20"	unid.	1	500,00	500,00
Vídeo	unid.	1	400,00	400,00
DVD	unid.	1	250,00	250,00
Total				**1.150,00**
5. Material pedagógico				
Lápis	unid.	50	0,50	25,00
Caneta	unid.	50	0,70	35,00
Papel ofício	unid.	2	15,00	30,00
Grampeador	unid.	3	10,00	30,00
Grampo	caixa	5	3,50	17,50
Borracha	unid.	20	0,20	4,00
Apontador	unid.	10	0,60	6,00
Cola	unid.	10	5,00	50,00
Livro de ata e escrituração	unid.	4	12,00	48,00
Total				**245,50**

Continua

Discriminação	Unidade	Quantidade	Unitário (R$)	Total (R$)
6. Material de limpeza				
Papel higiênico	rolo	10	1,40	14,00
Detergente	unid.	20	0,90	18,00
Cloro	litro	10	1,20	12,00
Sabão em pedra	unid.	6	3,00	18,00
Sabão em pó	caixa	5	4,00	20,00
Esponja	unid.	20	0,98	19,60
Total				*101,60*
7. Despesa de pessoal				
Coordenador	unid.	1	1.200,00	1.200,00
Auxiliar	unid.	2	600,00	.200,00
Capacitador	unid.	1	850,00	850,00
Pedreiro	unid.	1	1.800,00	1.800,00
Ajudante de pedreiro	unid.	2	350,00	700,00
Jardineiro	unid.	5	500,00	2.500,00
Técnico agrícola	unid.	1	1.500,00	1.500,00
Total				*9.750,00*
8. Insumos para o plantio				
Adubo orgânico	kg	10	20,00	200,00
Semente	kg	50	3,00	150,00
Muda	unid.	100	1,00	100,00
Total				*450,00*
Total geral				17.077,45

Orçamento resumido

Na ficha 11, apresentamos o resumo total dos subitens do orçamento detalhado.

Para fins de uma análise preliminar do orçamento do projeto, neste tópico apresenta-se o orçamento resumido, conforme a ficha 11. Obrigatoriamente deve fazer parte dos anexos do projeto o orçamento detalhado (ficha 10).

Ficha 11
Exemplo de orçamento resumido

Descrição	Subtotal	Total (R$)
1. Material de construção		3.952,35
2. Móveis e utensílios		800,00
3. Ferramentas e utensílios		628,00
4. Material de apoio		1.150,00
5. Material pedagógico		245,50
6. Material de limpeza		101,60
7. Despesa de pessoal		9.750,00
8. Insumos para o plantio		450,00
Total geral		**17.077,45**

Administração da implantação do projeto

Esta etapa consiste na definição das pessoas que serão responsáveis pela administração de cada passo no processo de implantação do projeto. Essas pessoas, por meio da metodologia de acompanhamento, irão transformar o sonho em realidade (projeto acontecendo na comunidade).

É importante não confundir esta etapa com a administração do projeto como um todo. Embora parecidas, a primeira, como o próprio nome já diz, faz parte da administração do período de implantação do projeto. Já a outra etapa, conforme será visto mais à frente, é responsável pela manutenção do projeto, ou seja, por manter vivo o sonho realizado e até melhorá-lo.

Em nosso exemplo, a administração do projeto de horta orgânica será realizada pela equipe que o elaborou e participa de forma ativa do seu desenvolvimento, assim composta: um diretor presidente, um diretor técnico agrícola, um tesoureiro e dois membros capacitados eleitos pelo grupo. O acompanhamento será realizado pelos participantes envolvidos no processo e órgãos de apoio técnico.

Metodologia de acompanhamento da implantação do projeto

Esta etapa consiste em um acompanhamento periódico durante a execução da implantação do projeto. Por meio deste, a equipe responsável desenvolve e aplica critérios para acompanhá-lo, com o objetivo de evitar possíveis falhas durante o processo. É importante que neste item esteja bem claro quais serão as atividades de acompanhamento e *por quem*, *como* e *quando* elas serão realizadas.

Ficha 12
Exemplo de metodologia de acompanhamento da implantação do projeto

O acompanhamento do projeto de horta orgânica será feito semanalmente pela comunidade do projeto, por meio de reuniões com a equipe de administração e técnicos, em mesa-redonda, com a apresentação de parecer, tabelas de produção, vendas e relatórios diários de todas as atividades, bem como troca de experiências e dúvidas.

Todos os diretores e a equipe envolvida se reunirão quinzenalmente, para avaliação e discussão de problemas e soluções para o desenvolvimento, processo de venda e atos pertinentes ao projeto.

Anexos

Os anexos de um projeto disponibilizam informações adicionais capazes de melhor detalhar, ilustrar e comprovar informações e dados do projeto, como também demonstrar que se possui embasamento de tudo o que foi apresentado ao longo do projeto. Como exemplo, teríamos fotos de terrenos, de prédios, atestados de capacidade técnica, cartas de doação de terrenos e equipamentos etc. É recomendável constar como anexo a matriz de interdependência de recursos e atividades (ficha 2) e o orçamento detalhado (ficha 10), a fim de conferir maior credibilidade ao projeto.

Esses anexos devem vir sempre ao final do projeto e podem ser citados, quando necessário, ao longo do corpo do projeto. No exemplo citado, foram incluídos os seguintes anexos:

- anexo 1: matriz de interdependência de recursos e atividades;
- anexo 2: orçamento físico-financeiro detalhado;
- anexo 3: fotos do terreno;
- anexo 4: carta da cessão do terreno pela paróquia.

Análise

O processo de análise aqui descrito é justamente aquele que ocorre na última etapa de elaboração, quando será realizado o estudo crítico do projeto, com o intuito de examinar a capacidade de a proposta atender à idéia ou ao problema originalmente identificado. Esta etapa, preferencialmente, não deve ser feita pelo grupo que elaborou o projeto. Poderá ocorrer que esta etapa seja desenvolvida por possíveis financiadores do projeto. No entanto, conforme a figura 2, anteriormente apresentada, observa-se que a análise pode ser desenvolvida durante as etapas do projeto — ou seja, dependendo da sua dimensão ou amplitude, esse processo será simultâneo ou não. Esta etapa funciona também como uma revisão permanente.

Cabe enfatizar que, em projetos de pequeno porte, geralmente esta etapa ocorre paralelamente às demais, enquanto em projetos de grande porte, como é o caso daqueles voltados para o desenvolvimento regional — de ação em grandes espaços geográficos —, a etapa de análise deverá acontecer por último.

Considerando que seja a análise final, as atividades deverão ser as descritas a seguir.

Estudo dos antecedentes

Esta primeira atividade consiste no estudo dos antecedentes do projeto: a idéia ou problema identificado.

Leitura do diagnóstico

Em seguida, deve-se analisar o diagnóstico a fim de observar o nível de aprofundamento dos dados e informações levantados.

Pré-avaliação

A pré-avaliação consiste na análise dos seguintes itens:

- informações sobre os benefícios, clientela ou público-meta;
- objetivos;
- justificativa;
- programação;
- metodologia;

- órgãos, direta ou indiretamente, envolvidos;
- recursos (humanos, materiais, financeiros e tecnológicos);
- metodologia de acompanhamento;
- administração do projeto.

É importante ressaltar que, dependendo da amplitude do projeto, a análise pode exigir subetapas, com o objetivo de promover um detalhamento mais profundo de ações a serem implementadas.

Aprovação do projeto

Uma vez finalizada a redação do projeto, este deverá ser submetido à aprovação da comunidade. Caso seja aprovado, o projeto está pronto para ser realizado por meio dos recursos disponíveis na comunidade ou pela captação de recursos junto a terceiros. Se não aprovado, o projeto ou é descartado, ou deverá sofrer as alterações recomendadas para ser submetido a uma nova apreciação.

Caso prático

O caso a seguir exemplificado (quadro 4) serve, tão-somente, para exercitar o processo de elaboração de projetos comunitários. A situação descrita ilustra um projeto fictício para a construção de uma biblioteca comunitária. Esse exemplo tem como finalidade pôr em prática os conteúdos deste capítulo.

A comunidade Delta está situada em uma zona urbana, ocupa uma área de 183,64 hectares, com cerca de 9 mil domicílios. O índice de analfabetismo da população é de 4,95%. A comunidade é composta por aproximadamente 250 famílias, com cerca de 700 crianças e adolescentes que não dispõem de nenhuma área de lazer nem de uma biblioteca que lhes proporcione apoio escolar.

Quadro 4
Exemplo de projeto

Apresentação

O projeto apresentado pela equipe voluntária da comunidade Delta tem por objetivo a implantação de uma biblioteca comunitária.

Continua

Elaboração de Projetos Comunitários

Diagnóstico

A comunidade possui aproximadamente 250 famílias, abrangendo mais ou menos 500 crianças e 200 adolescentes, não dispondo de área de lazer nem de atividade esportiva ou educacional. A comunidade não possui bibliotecas públicas, tampouco áreas de lazer ou para a prática de esportes. O analfabetismo entre a população é de 4,95%. Ainda mais relevante mostra-se o projeto se considerarmos também o pouco tempo de estudo da população alfabetizada — quase 40% dos responsáveis por domicílios, na região, têm cinco ou menos anos de estudo.

Beneficiários

Toda a população da comunidade Delta, sobretudo os aproximadamente 200 jovens e 500 crianças em idade escolar que residem naquela localidade.

Objetivos gerais e específicos

Proporcionar e ampliar o conhecimento já adquirido. Levar a criança e o adolescente — e mesmo as pessoas da terceira idade — a terem maior gosto pela leitura e reforçar as pesquisas e trabalhos escolares. Indiretamente, tem-se, ainda, por objetivo reduzir o analfabetismo na comunidade.

Justificativa

O projeto justifica-se por atender direta e principalmente às crianças e adolescentes em idade escolar, mas também à comunidade em geral. Além disso, colabora no reforço e no incentivo diário à leitura, valorizando também a pesquisa que poderá ser realizada nos livros que estarão ao alcance de toda a comunidade. Assim, o projeto de biblioteca comunitária dará oportunidade para que as pessoas ampliem seus conhecimentos e aprimorem cada vez mais o hábito da leitura.

Programação das atividades

Nº	Atividades	Semanas				
		1	2	3	4	5
1	Procurar local para instalação da biblioteca	■				
2	Levantar medidas do local (biblioteca)		■			
3	Contratar pessoas voluntárias			■		
4	Solicitar doações de material (livros, lápis, fichas, papel etc.)		■	■		
5	Limpar e preparar o local			■		
6	Verificar instalações (elétrica e hidráulica)			■		
7	Treinar bibliotecário			■		
8	Organizar projeto	■				
9	Orçamentar projeto				■	
10	Divulgar inauguração da biblioteca					■

Continua

Metodologia de ação

A elaboração do projeto partiu da iniciativa de uma equipe de voluntários da comunidade Delta. A união e a disponibilidade dos voluntários foram elementos importantes no processo da elaboração do projeto. O modelo da biblioteca seguirá as normas indicadas por especialistas (engenheiros ou arquitetos) voluntários.

Identificação de órgãos ou instituições que serão apoiadores ou financiadores

Paróquia local, a comunidade em geral e o comércio local.

Programação orçamentária dos recursos

Fonte	Discriminação	Unid.	Quant.	Valor (R$ 1,00)	
				Unit.	Total
Paróquia	1. Móveis e utensílios				3.730,00
	Estante	unid.	6	179,00	1.074,00
	Mesa (secretária)	unid.	4	169,00	676,00
	Cadeira	unid.	6	99,00	594,00
	Fichário	unid.	1	369,00	369,00
	Sofá de dois lugares	unid.	3	339,00	1.017,00
Voluntários da comunidade	2. Material pedagógico				109,00
	Livro	unid.	doação	doação	doação
	Revista	unid.	doação	doação	doação
	DVD	unid.	doação	doação	doação
	Fitas de vídeo	unid.	doação	doação	doação
	Lápis	unid.	12	0,25	3,00
	Grampeador	unid.	2	7,00	14,00
	Grampo para grampeador	cx.	2	3,50	7,00
	Ficha p/ usuários	pct. c/ 100	5	3,00	15,00
	Ficha p/ livros	pct. c/ 100	10	3,50	35,00
	Folha	resma	3	10,00	30,00
	Caneta esferográfica	unid.	10	0,50	5,00
Shopping local	3. Material de apoio				3.450,00
	Computador	unid.	1	2.000,00	2.000,00
	Impressora multifuncional	unid.	1	490,00	490,00
	TV	unid.	1	450,00	450,00
	Esterilizador	unid.	2	55,00	110,00
	DVD	unid.	1	200,00	200,00
	Videocassete	unid.	1	200,00	200,00
Comércio da comunidade	4. Material de limpeza				53,40
	Sabão	unid.	pacote	7,00	7,00
	Toalha	unid.	3	8,00	24,00
	Detergente	unid.	2	3,00	6,00
	Espanador	unid.	2	2,00	2,00
	Vassoura	unid.	1	4,00	4,00
	Desodorante p/ sanitário	unid.	3	1,50	4,50
	Desinfetante	unid.	1	2,00	2,00
	Álcool	litro	2	1,50	3,00
	Flanela	unid.	3	0,30	0,90

Continua

Orçamento geral		
Discriminação	Subtotal	Total
1. Móveis e utensílios	3.730,00	
2. Material pedagógico	109,00	
3. Material de apoio	3.450,00	
4. Material de limpeza, luz e água	53,40	7.342,40

Obs.: Se o projeto acontecer na comunidade, o gasto com luz e água será custeado pela própria comunidade.

Administração do projeto

O projeto da biblioteca comunitária será administrado pela equipe composta pelos voluntários da comunidade Delta.

Metodologia de acompanhamento

O acompanhamento do projeto será realizado semanalmente pela equipe de administração do projeto, pelo pároco e por voluntários da comunidade, em reuniões de análise na própria comunidade.

Anexo

Orçamento detalhado.

CAPÍTULO 2

Administração de projetos comunitários

Introdução

Um dos problemas cruciais na administração de um projeto comunitário está no decrescente grau de motivação que se observa nas pessoas no decorrer do desenvolvimento do projeto. Geralmente, quando um movimento comunitário organizado — associação de moradores ou cooperativa, por exemplo — se reúne para discutir seus problemas, o grau de motivação inicial é muito elevado. As pessoas se envolvem nas discussões, surgem lideranças, decisões são tomadas, conseguindo-se, inclusive, elaborar um projeto e implantá-lo.

No entanto, passada essa fase em que os membros da comunidade dão tudo de si para que "a coisa caminhe", a desmotivação começa a surgir. As causas desse fenômeno são as mais variadas. É comum ouvir-se a frase: "A minha parte já fiz: fui às reuniões, botei o meu nome no abaixo-assinado, trabalhei no mutirão deixando de jogar minha bolinha; agora cabe à diretoria da associação cuidar do resto, eles foram eleitos para isso". Esse fato decorre do não reconhecimento, por parte de algumas pessoas, do que é um movimento comunitário, isto é, do que é um trabalho coletivo em que a participação é o elemento-chave, fundamental para que "as coisas dêem certo".

Semelhante à elaboração do projeto, o processo de administração comunitária apresenta também as três características anteriormente descritas:

- envolve pessoas que vivem numa mesma localidade;
- tem na participação o elemento fundamental de suas ações;
- pode promover o exercício da cidadania.

Essas características repetem-se porque as atividades de manutenção daquilo que foi idealizado pelo movimento comunitário (o projeto) deverão ter continuidade para atender as necessidades da localidade, envolver as pessoas em sua gestão e, com isso, exercitar os direitos de cidadão.

Portanto, administrar comunitariamente um empreendimento é executar um conjunto de atividades racionalmente elaboradas, a fim de manter as aspirações da comunidade, que deverão ser gerenciadas pelo conjunto da população direta ou indiretamente beneficiada, ou por meio de pessoas delegadas por ela.

O processo de administração comunitária pode envolver três funções básicas da administração (figura 4):

❑ administração de recursos humanos;
❑ administração de recursos materiais;
❑ administração de recursos financeiros.

Figura 4
Três funções básicas da administração

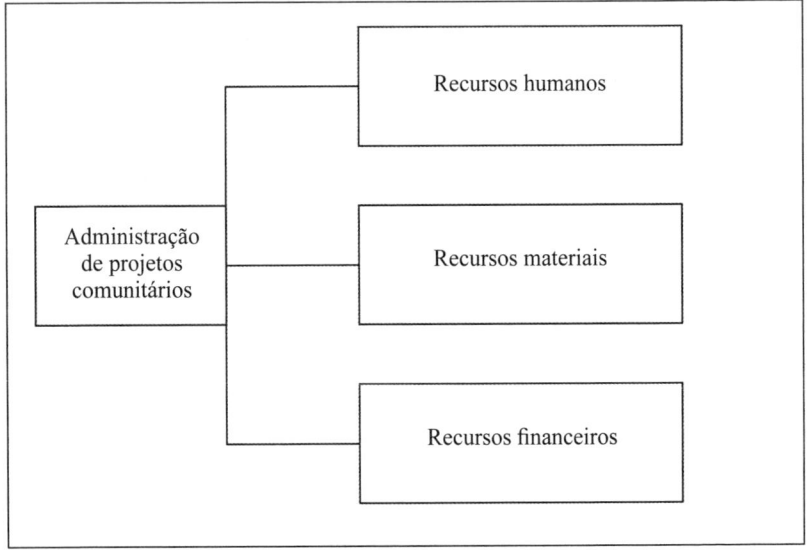

```
                            ┌─────────────────────┐
                            │  Recursos humanos   │
                            └─────────────────────┘
┌──────────────┐            ┌─────────────────────┐
│Administração │            │  Recursos materiais │
│ de projetos  ├────────────┤                     │
│comunitários  │            └─────────────────────┘
└──────────────┘            ┌─────────────────────┐
                            │ Recursos financeiros│
                            └─────────────────────┘
```

Essas três funções serão explicitadas neste capítulo, conforme o quadro 5.

Quadro 5
Processo de administração comunitária e suas funções básicas

ADMINISTRAÇÃO	DE RECURSOS HUMANOS	<ul><li>Objetivos</li><li>Planejamento de recursos humanos<ul><li>descrição de funções</li><li>recrutamento de pessoal</li><li>seleção de pessoal</li><li>conceito de treinamento</li><li>levantamento de necessidade de treinamento</li><li>treinamento</li><li>avaliação do treinamento</li><li>salário</li><li>diferenças salariais</li><li>outras formas de remuneração</li><li>análise de desempenho</li></ul></li></ul>
	DE RECURSOS MATERIAIS	<ul><li>Objetivos</li><li>Instrumentos para administração dos recursos materiais<ul><li>controle de material de consumo</li><li>controle de entrada e saída de material durável</li><li>inventário anual de material durável</li><li>empréstimos de material</li><li>estoque</li><li>material de consumo e sua reposição</li><li>risco da falta de material/margem de segurança</li><li>falta de material</li><li>pedido de compra</li><li>cadastro de fornecedores</li></ul></li></ul>
	DE RECURSOS FINANCEIROS	<ul><li>Objetivos</li><li>Orçamento</li><li>Fluxo de caixa<ul><li>valor do dinheiro no tempo</li></ul></li><li>Livro-caixa</li><li>Prestação de contas</li></ul>

Administração de recursos humanos

Objetivos

Quando surge a idéia de criar um projeto para atender as necessidades da comunidade, o ponto de partida costuma ser a predisposição de alguns membros dessa comunidade em trabalhar nessa empreitada, muitas vezes sem ganhar nada. É, portanto, a vontade dessas pessoas que decide se o projeto vai adiante ou não. É claro que outros aspectos são básicos para sua concretização, como recursos financeiros e materiais, mas estes podem surgir em outro momento, depois que a vontade e a disposição de trabalhar já iniciaram o processo.

Esses "recursos", formados pelas pessoas que se interessaram em trabalhar no projeto, são chamados recursos humanos, isto é, todos os indivíduos (da comunidade ou mesmo de fora dela) que estão envolvidos nas atividades de um determinado empreendimento. Partindo dessa visão, fica claro perceber que todo projeto comunitário possui recursos humanos próprios.

Como esses "recursos" são importantes, deve-se saber reconhecer e aproveitar bem a capacidade de trabalho de cada indivíduo, de forma a atender às necessidades do projeto.

Para isso, serão identificados alguns procedimentos que ajudarão a:

- procurar e selecionar pessoas adequadas ao trabalho;
- definir o que cada uma fará no projeto;
- preparar as pessoas para o desempenho de suas tarefas, remunerá-las e incentivá-las;
- analisar o desempenho dessas pessoas, em suas funções.

A esse conjunto de procedimentos e técnicas denomina-se administração de recursos humanos.

Todas as decisões que dizem respeito ao pessoal que trabalha no projeto comunitário são relativas à administração de recursos humanos.

Já que se falou dos aspectos mais genéricos da administração de recursos humanos, cabe agora selecionar aqueles pontos específicos que serão abordados nos próximos itens e servirão para facilitar o dia-a-dia da administração de recursos humanos nos projetos comunitários.

Esses pontos são:

- planejamento, recrutamento e seleção;
- descrição das funções;
- treinamento;
- salários e outras formas de remuneração;
- análise de desempenho.

Na figura 5, pode-se visualizar melhor a relação entre esses itens.

Figura 5
Administração de recursos humanos

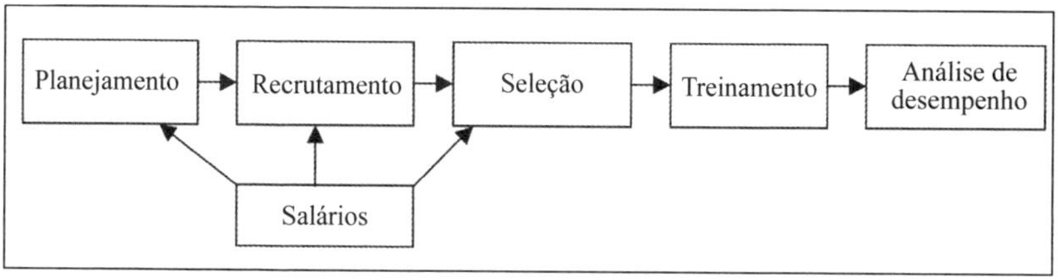

Planejamento → Recrutamento → Seleção → Treinamento → Análise de desempenho

Salários

Planejamento de recursos humanos

Todo projeto comunitário, em sua fase de elaboração, realizou em algum momento um planejamento dos recursos humanos necessários. Esse nada mais é do que a previsão do pessoal que deverá trabalhar no projeto. Quando se pensa em quantas pessoas trabalharão, no que cada uma fará e de onde virão essas pessoas, estamos realizando um planejamento.

Ao se elaborar o projeto, primeiro devemos fazer o planejamento de seu pessoal no papel, pois assim será mais fácil procurar e selecionar as pessoas adequadas para desempenhar as funções necessárias ao projeto.

Caso não se tenha elaborado esse planejamento de forma escrita, podemos construir um esquema (ficha 13) conforme o exemplo, que ajuda a visualizar as necessidades de pessoal do projeto.

Ficha 13
Exemplo de planejamento de recursos humanos
Projeto de horta orgânica social

Função	Quantidade	Descrição sumária da função
Técnico agrícola	14	Prepara os canteiros, semeia, rega, poda e faz as colheitas na horta
Agrônomo	1	Planeja o plantio dos canteiros, coordena e orienta os técnicos agrícolas para realizarem a manutenção diária da horta
Vendedor	4	Realiza a limpeza, o ensacamento e a venda dos produtos após a colheita
Coordenador	1	Coordena os diversos grupos que trabalham no projeto, organiza reuniões com os participantes e gerencia a parte administrativa do projeto.

Descrição de funções

O que se vai abordar neste item é de fundamental importância para orientar o planejamento, recrutamento e seleção do pessoal que trabalhará no projeto comunitário.

Além de fornecer as informações necessárias para selecionar a pessoa que ocupará determinada função, a descrição serve, ainda, para:

❑ estipular salários — analisando as funções, pode-se verificar quais as mais complexas, de maior responsabilidade e que merecem maior remuneração, e estabelecer os salários de forma crescente, conforme o grau de complexidade de cada uma;

❑ organizar o dia-a-dia do projeto, pois permite que cada um saiba exatamente o que deve fazer e permite que se possa exigir da pessoa tudo aquilo que compete à sua função;

❑ perceber as necessidades de treinamento, já que, algumas vezes, um ocupante pode não ter todas as habilidades necessárias para o pleno desempenho de suas funções e essa deficiência pode ser resolvida com um simples treinamento.

Existem algumas regras para fazer uma descrição de função que facilitam esse trabalho.

A descrição deve ser elaborada de forma simples e clara, para que alguém que não conheça a função possa identificar o que o ocupante dessa função realizará.

Quando se trata de uma função que já tem (ou teve) um ocupante, deve-se fazer a descrição observando ou entrevistando essa pessoa para conhecer bem a função. Quando se trata de uma função nova, tenta-se descrever, com detalhes, o que a pessoa encarregada deverá fazer. Pode-se, ainda, quando existir outro projeto que já tenha alguém desempenhando essa nova função, observar o que essa pessoa faz.

Outra dica importante se aplica àqueles casos em que se elabora uma descrição baseando-se no que o ocupante da função faz no projeto. Nesse caso, é importante distinguir o que essa pessoa faz ou sabe fazer do que é essencial para o exercício da função. Para exemplificar: ao se fazer a descrição da função do técnico agrícola do projeto de horta orgânica, apesar de o atual ocupante ter conhecimentos sobre construção, só se deverá anotar essa habilidade na descrição se ela for realmente necessária para o desempenho da função. Na descrição, só devem constar as tarefas referentes ao desempenho da função, e não as habilidades de seu ocupante, em um dado momento.

É válido também ressaltar que podemos definir, na descrição da função, a remuneração, a carga horária e os benefícios, que, como se mostrará mais adiante, funcionarão como outras formas de remuneração. É importante destacar, conforme veremos, que no caso de serviço voluntário devemos obedecer às regras estabelecidas na Lei nº 9.608/98, que regula as ações do serviço voluntário no Brasil.

Para facilitar o entendimento, observamos na ficha 14 o exemplo de uma descrição para a função de técnico agrícola, no projeto de horta orgânica.

Ficha 14
Exemplo de descrição da função de técnico agrícola

Título da função: técnico agrícola
Descrição sumária: prepara os canteiros, semeia, rega, poda e faz limpeza e colheitas na horta
Principais tarefas:
- preparo dos canteiros, fazendo o manejo do adubo e a construção de canteiros quando necessários
- plantio das sementes e mudas em cada canteiro
- irrigação dos canteiros duas vezes ao dia
- limpeza e poda dos canteiros quando necessário
- colheita dos produtos plantados nas épocas estabelecidas

Remuneração: serviço voluntário
Benefícios: passagens de ida e volta e cesta básica de vegetais orgânicos produzidos na horta
Carga horária: duas horas semanais

Ainda no que diz respeito à descrição de funções, pode-se optar por um modelo menos detalhado, que contém esse item de maneira mais resumida, apenas com indicações mais gerais. O modelo detalhado fornece mais informações, mas, em determinados casos, o modelo resumido poderá conter informações suficientes para o projeto, principalmente se este for de pequeno porte. Caberá aos membros do projeto optar pelo modelo que lhes for mais conveniente. Um exemplo de descrição sumária da função já foi apresentado na ficha 13, quando abordamos o planejamento de recursos humanos.

Recrutamento de pessoal

Uma vez identificadas as necessidades de pessoal e descritas as funções necessárias ao projeto, inicia-se outra etapa na área de administração de recursos humanos: o recrutamento. Nessa etapa, divulga-se a necessidade de encontrar pessoas que realizem determinadas tarefas no projeto.

Para fazer o recrutamento, é necessário ter identificado, também, que trabalho a pessoa procurada vai realizar e, para isso, é preciso descrever sua função no projeto, como visto no item anterior.

Com a descrição elaborada, já se sabe que função a pessoa irá ocupar, o que ela irá fazer, e pode-se, então, divulgar a necessidade desse profissional. A essa etapa, de procura de uma pessoa para desempenhar determinada função, dá-se o nome de recrutamento, que pode ser de dois tipos: interno e externo.

No caso do recrutamento interno, procura-se, entre aquelas pessoas que já trabalham no projeto, alguma que tenha condições e se interesse em ocupar a função vaga. Esse tipo de recrutamento é importante, pois muitas vezes funciona como um excelente estímulo para o pessoal do projeto, principalmente quando a função a ser ocupada é mais importante ou mais bem paga. Além dessa razão, o recrutamento interno é mais rápido, mais barato e mais seguro, pois as pessoas que se candidatarão são conhecidas e estão entrosadas no projeto.

Na outra alternativa, o chamado recrutamento externo, procuram-se membros da comunidade, ou mesmo de fora dela, para ocupar a função vaga. Recorre-se ao recrutamento externo quando o interno não pode atender à necessidade do projeto, isto é, quando não há pessoas com conhecimentos e preparo suficientes para ocupar a função, ou quando não há condições ou interesse dos membros do projeto em preenchê-la. O recrutamento externo complementa o interno.

Quanto ao meio utilizado para fazer o recrutamento, pode-se elaborar um anúncio e divulgá-lo em murais, jornais ou boletins, ou mesmo utilizando a propaganda boca a boca. Quando se opta pelo recrutamento interno somente, basta comunicar aos membros do projeto; já no caso do recrutamento externo, é importante que o anúncio seja visto pelo maior número possível de pessoas da comunidade e de fora dela.

Seleção de pessoal

Concluída a etapa de recrutamento, na qual, em geral, várias pessoas se candidatam para o trabalho, surge o momento de selecionar, entre os candidatos, aquele(s) mais adequado(s) para ocupar a função em questão.

Para facilitar essa escolha, o primeiro passo a ser dado é a comparação entre as exigências da função, elementos estes que se obtêm a partir da descrição de funções, e as características do candidato. Quando se faz essa comparação, distinguem-se aquelas pessoas que têm condições de ocupar a função daquelas que não têm nenhuma condição.

Feita essa separação, deve-se recorrer aos procedimentos de seleção que podem ser:

- entrevista com o candidato — em que o entrevistador busca obter mais informações para avaliar a adequação do candidato à função, conhecer o candidato e sua experiência anterior de trabalho;

- prova escrita — para testar alguns conhecimentos do candidato, como seu nível de instrução, sua habilidade em fazer contas, escrever etc.

- prova prática — para testar habilidades do indivíduo, como preparar grandes quantidades de comida, cuidar de crianças, entre outras.

No caso de projetos comunitários, muitas vezes a entrevista já fornece elementos suficientes para escolher o candidato; outras vezes é necessário complementá-la com informações obtidas por meio de provas. É importante frisar que não é preciso utilizar todos os procedimentos sugeridos, mas escolher aquele que melhor atenda às necessidades do projeto.

Outro ponto importante a ser abordado, principalmente em relação aos projetos comunitários, vem a ser a definição de quem seleciona o candidato. É necessário estabelecer com a comunidade se o candidato será escolhido pelos membros que trabalham no projeto, por representantes da comunidade ligados ao projeto ou pelo responsável por este.

É fundamental que se estabeleça, previamente, quem irá selecionar e como será feita a seleção, para evitar confusões e dificuldades durante o processo.

Conceito de treinamento

Treinamento é um processo educacional que diz respeito à transmissão de conhecimentos específicos relativos ao trabalho desenvolvido no projeto; visa a fornecer informações novas aos seus membros, aumentando seus conhecimentos e habilidades para o desempenho de determinados trabalhos. O treinamento é, portanto, uma atividade que busca dar respostas às dificuldades observadas no dia-a-dia do projeto — conseqüências da falta de conhecimentos de seus membros. Seu principal objetivo é preparar o pessoal para executar as tarefas necessárias ao bom andamento do projeto.

Levantamento de necessidades de treinamento

Quando se pensa em dar treinamento para o pessoal do projeto é porque essa necessidade foi sentida e observada por seus membros, que se depararam com situações que não sabiam como resolver. Mas para elaborar uma atividade de treinamento deve-se, periodicamente, realizar um levantamento das necessidades de treinamento do pessoal do projeto. Pode-se fazê-lo observando onde está sendo feito um trabalho pouco satisfatório, onde as pessoas têm dificuldades, realizam suas atividades com lentidão, não têm habilidade para desempenhar suas tarefas.

Essa observação pode ser feita pelo responsável pelo projeto ou por meio de reuniões com todos os membros, em que cada um analisará seu desempenho na execução de suas tarefas, mostrando onde se encontram suas maiores dificuldades.

Necessidades de treinamento são sentidas, também, quando se criam novas rotinas de trabalho, ou seja, quando seus membros se vêem na situação de realizar outras tarefas para as quais não estavam preparados.

Uma vez levantadas as necessidades de treinamento, o passo seguinte é programar a forma de atendê-las. Caso sejam muitas as necessidades, selecionam-se as mais urgentes e pensa-se em como atendê-las.

Treinamento

Na hora de dar prioridade a determinadas necessidades de treinamento, não basta pensar somente naquilo que é mais importante, mas também no que é mais fácil de ser realizado. Tendo em vista a carência de recursos do projeto, nem sempre o que é mais importante pode ser feito em primeiro lugar. Deve-se pensar não só nas prioridades de treinamento, mas também nas possibilidades.

Às vezes o treinamento necessário pode ser dado por um membro mais experiente do projeto, que pode passar seus conhecimentos para os mais novos. Nesse caso, o treinamento é simples de ser executado e não representa nenhum gasto financeiro para o projeto.

Em outros casos, o treinamento precisa ser dado por alguém de fora, um professor ou especialista que possivelmente cobrará por essa atividade. Nesse caso, tem-se de prever uma verba destinada à atividade de treinamento, para pagar a essa pessoa e providenciar alguma compra de material a ser utilizado, se for o caso.

Quando se precisa de um profissional de fora para atender às necessidades de treinamento do projeto, pode-se, também, recorrer aos órgãos governamentais, instituições filantrópicas ou ligadas a movimentos religiosos, que, muitas vezes, podem encaminhar um profissional para realizar o treinamento, sem haver, nesses casos, gastos financeiros para o projeto.

Existem também casos em que os conhecimentos buscados pelos membros do projeto podem ser adquiridos em algum curso dado por outras entidades, sejam instituições filantrópicas, escolas ou órgãos do governo. Encaminham-se então os membros que devem receber o treinamento para a entidade correspondente e, caso o curso seja pago, destina-se uma verba do projeto para o seu pagamento.

Na ficha 15, apresentamos um esquema genérico de pergunta e resposta para esse caso específico de treinamento, no qual utilizamos o exemplo dos voluntários para a função de técnicos agrícolas de nossa horta orgânica que necessitam aprender noções sobre o plantio de alimentos orgânicos.

Ficha 15
Exemplo de programação do treinamento

- Quem deve ser treinado?
  Quatorze técnicos agrícolas do projeto.
- Quem vai treinar?
  Um engenheiro agrônomo especializado em cultivo orgânico.
- Em que treinar?
  Como preparar o solo; como utilizar o adubo orgânico; cuidados na manutenção dos canteiros; irrigação, limpeza dos canteiros e colheita.
- Onde treinar?
  Na própria horta.
- Como treinar?
  O método de treinamento será estabelecido pelo engenheiro agrônomo que dará o curso; serão ministradas aulas teóricas e práticas.
- Quando treinar?
  O curso será dado nos dias 25 e 26 de abril, no horário das 8 às 12 h.
- Para que treinar?
  Para que os técnicos agrícolas possam aprender todas as técnicas relativas à manutenção de hortas orgânicas.
- Despesas?
  O treinamento será fornecido pelo próprio engenheiro agrônomo contratado pelo projeto.

Esse esquema, apesar de simples, ajudará a montagem da programação do treinamento desejado, já que prevê os principais aspectos envolvidos num processo de treinamento.

É importante destacar que o treinamento muitas vezes pode formar multiplicadores — pessoas que, depois de treinadas, podem ensinar aos membros do grupo as técnicas aprendidas. No exemplo anterior, poderíamos treinar apenas quatro técnicos agrícolas e estes ficariam responsáveis por transmitir os ensinamentos adquiridos aos outros técnicos agrícolas que participam do projeto, realizando assim a multiplicação do treinamento.

Avaliação do treinamento

Para que o treinamento traga, realmente, contribuições positivas ao projeto, não basta que se encaminhem pessoas para serem treinadas; é necessário verificar quais foram os resultados que o treinamento trouxe para o projeto.

Essas avaliações podem ser feitas periodicamente (a cada seis meses ou anualmente, dependendo da freqüência em que tenha havido treinamento), em reuniões coletivas, com a participação de todos os membros do projeto. Nessas reuniões, aqueles membros que participaram de algum treinamento deverão avaliá-lo, analisando o que aprenderam e de que forma estão usando, em suas atividades diárias no projeto, os conhecimentos obtidos.

É por meio dessas avaliações que se sabe se o treinamento foi bom ou não, que membros precisam de reciclagem ou de um novo treinamento, que pessoas estão aplicando os conhecimentos adquiridos e quem os deixou "engavetados". A partir dessas considerações, pode-se, ainda, conscientizar cada membro da importância de se aperfeiçoar e de trazer conhecimentos e contribuições novas para o projeto.

Salário

O item salário, apesar de importante em qualquer atividade de trabalho, é bastante difícil de ser tratado em projetos comunitários.

O salário funciona como o principal incentivo para o trabalho, pois poucas pessoas se oferecem e têm condições de trabalhar sem receber nada. No entanto, é um aspecto difícil no projeto porque este nasce, em geral, com poucos recursos, sobrevive apesar dessa carência, sendo o pagamento de salários aos membros muitas vezes inviável.

Apesar da dificuldade de dinheiro, o ideal seria pagar a todos os colaboradores e, de preferência, pagar pelo menos um salário mínimo. Sabe-se, no entanto, que nem sempre isso é possível, sendo necessário procurar formas de "superar" as dificuldades para não comprometer o projeto. No exemplo dos técnicos agrícolas da horta orgânica, foram estabelecidos alguns benefícios àqueles que participam como voluntários do projeto: o pagamento de passagens e o fornecimento mensal de uma cesta básica com os vegetais orgânicos produzidos na horta.

Ao lado da importância dos salários, precisa-se ter em mente que esse pagamento é necessário para atender às exigências legais. Ao entrar em atividade e contar com um determinado número de pessoas trabalhando rotineiramente para sua existência, aos olhos da legislação trabalhista o projeto torna-se um empregador e essas pessoas tornam-se seus funcionários ou empregados. Por isso, o projeto terá de pagar a seus funcionários não só um salário, mas também os chamados encargos trabalhistas, que não são pagos diretamente ao empregado. Portanto, é necessário assinar um contrato de trabalho entre o projeto (empregador) e o funcionário (empregado) para que a situação fique legalizada. Na prática, utilizam-se três tipos de contrato de trabalho.

- Contrato por prazo indeterminado: quando se contrata uma pessoa como funcionária, assina-se sua carteira de trabalho e paga-se, pelo menos, um salário mínimo e os encargos trabalhistas.

- Contrato por prazo determinado: nessa situação, pode-se firmar um contrato que tem uma data prevista para seu término. Pagam-se o salário e os encargos trabalhistas. Nesse tipo de contrato, vincula-se a contratação do pessoal à duração do projeto.

- Contrato de prestação de serviços: nesse caso, firma-se um contrato de prestação de serviços com o colaborador, em que esse se compromete a realizar determinada atividade em troca de uma quantia em dinheiro. Nesse caso, não há obrigatoriedade de que seja pago um salário mínimo; o valor do pagamento, portanto, depende somente de um acordo entre colaborador e projeto. Esse tipo de contrato deve ser feito por um prazo fixo e pode ter uma duração de aproximadamente seis meses consecutivos.

Os responsáveis pelo projeto devem optar por um desses tipos de contrato e firmá-lo com o funcionário. Assim garantem os direitos dos funcionários e, principalmente, resguardam-se de qualquer problema futuro com a lei.

Na ficha 16, temos um exemplo de um contrato observando as cláusulas básicas que este deve conter:

- objeto do contrato;
- dados sobre o empregador (nome, CNPJ/CPF, identidade, endereço, telefone);

- dados sobre o empregado (nome, CPF, identidade, endereço, telefone);
- descrição das obrigações do empregado e do empregador;
- prazo de duração do contrato (vigência);
- valor do contrato ou do salário e horário de trabalho;
- prazos e formas de reajuste, modificações e rescisão do contrato;
- definição do foro para questões não abordadas no contrato;
- data de assinatura do contrato.

Ficha 16
Exemplo simplificado de um contrato de trabalho para o projeto de horta orgânica

CONTRATO DE TRABALHO PARA O PROJETO DE HORTA ORGÂNICA

Objeto

Este contrato possui como objeto a contratação de um engenheiro agrônomo para prestar serviços de planejamento e coordenação da horta orgânica elaborada pelo projeto de horta orgânica.

Dados do empregador e do empregado

Empregador:
Horta Orgânica
CNPJ: 050.295.551-0001-00
Rua da Fertilidade, nº 1 — Barro Vermelho — RJ
CEP: 99250-070 — Tel.: 5542-1200

Empregado:
José Felício da Silva
CPF: 056336149-50
Rua Maxwell, nº 118, ap. 206
CEP: 22350-030 — Tel.: 5978-1819

Obrigações do empregado

Realizar o planejamento, coordenação e treinamento dos técnicos agrícolas e colaborar para o desenvolvimento do projeto de horta orgânica.

Obrigações do empregador

Manter as condições necessárias para o bom desenvolvimento das funções do empregado.

Vigência

Este contrato vigorará por um ano, a partir da data de sua assinatura, podendo ser renovado por interesse de ambas as partes.

Continua

Remuneração e expediente

O empregado receberá o valor de um salário mínimo por uma carga horária de quatro horas semanais, que podem ser distribuídas pela semana pelo coordenador do projeto de horta orgânica.

Reajustes e rescisão

O reajuste de qualquer valor ou cláusula do contrato, bem como sua rescisão, devem ser acordados entre ambas as partes.

Foro

Fica escolhido o foro da cidade do Rio de Janeiro para as questões não abordadas neste contrato.

Assinatura

Rio de Janeiro, _____ de _____ de 20__

Empregador	**Empregado**

Mesmo no caso de pessoas que trabalhem voluntariamente no projeto, é importante que se estabeleça algum documento com elas, para evitar futuras ações na Justiça do Trabalho. Conforme estabelece a Lei nº 9.608/98, que dispõe sobre o serviço voluntário, este deve ser exercido mediante a celebração de termo de adesão entre a entidade, pública ou privada, e o prestador de serviço voluntário, devendo constar nesse documento o objeto e as condições de seu exercício. Na prática, é um documento similar ao contrato de prestação de trabalho apresentado anteriormente, só que com o nome de termo de adesão de voluntariado.

Quando trabalhamos com voluntariado, é importante ter em mente que essas pessoas geralmente disponibilizam parte do seu tempo para realizar uma ação de solidariedade; assim, as funções que serão voluntárias em seus projetos devem, de preferência, ter uma carga horária de trabalho pequena. Aqui vale o ditado "a união faz a força".

No exemplo de nossa horta orgânica, determinamos na descrição das funções que nossos técnicos agrícolas seriam todos voluntários que trabalhariam duas horas por dia cada um. A ficha 17 mostra como ficaria o termo de adesão de voluntariado desses técnicos.

É importante observar que os aspectos legais de um contrato ou de um termo de adesão, por serem algumas vezes um pouco mais complexos, exigem que, ao se elaborar e pôr em atividade um projeto, sempre que possível se busque o auxílio de um advogado ou pessoa que conheça a legislação trabalhista, para não haver erros nessas questões legais.

Ficha 17
Exemplo simplificado de um termo de adesão de voluntariado para o projeto de horta orgânica

TERMO DE ADESÃO DE VOLUNTARIADO PARA O PROJETO DE HORTA ORGÂNICA

Objeto
Este termo objetiva a formalização da adesão de voluntários para trabalharem como técnicos agrícolas no projeto de horta orgânica.

Dados da instituição e do voluntário

Instituição:	Voluntário:
Horta Orgânica	Juarez de Souza
CNPJ: 050.295.551-0001-00	CPF: 086346159-80
Rua da Fertilidade, nº 1 — Barro Vermelho — RJ	Rua Ibiúna, nº 200, casa 1
CEP: 99250-070 — Tel.: 5542-1200	CEP: 22500-200 — Tel.: 2556-2023

Obrigações do voluntário
Preparo dos canteiros, fazendo o manejo do adubo e a construção de canteiros quando necessário; plantio das sementes e mudas em cada canteiro; irrigação dos canteiros duas vezes ao dia; limpeza e poda dos canteiros quando necessário; colheita dos produtos plantados nas épocas estabelecidas.

Obrigações da instituição
Manter as condições necessárias para o bom desenvolvimento das funções do voluntário.

Vigência
Este termo de adesão vigorará por um ano, a partir da data de sua assinatura, podendo ser renovado por interesse de ambas as partes.

Remuneração e expediente
O voluntário receberá passagens de ida e volta (residência-horta e horta-residência) e, semanalmente, uma cesta básica de vegetais orgânicos produzidos na horta. A jornada será de duas horas semanais, sendo os horários estabelecidos pelo coordenador do projeto de horta orgânica.

Continua

Reajustes e rescisão
O reajuste de qualquer valor ou cláusula do termo de adesão, bem como sua rescisão, devem ser acordados entre ambas as partes.

Foro
Fica escolhido o foro da cidade do Rio de Janeiro para as questões não abordadas neste termo de adesão.

Assinatura

Rio de Janeiro, _____ de _____ de 20__

_____   _____
Instituição
Voluntário

Diferenças salariais

Na elaboração das descrições de funções do projeto, percebe-se que nem todas as pessoas fazem as mesmas coisas — existem funções que exigem de seu ocupante mais conhecimentos, responsabilidades ou esforço —, por isso é natural pensar em salários diferenciados.

Na verdade, pagar salários diferentes depende também da disponibilidade de dinheiro: nos casos em que este é escasso, não há muitas opções; a prioridade deve ser pagar, pelo menos, um salário mínimo a todos. Quando se conta com um pouco mais de dinheiro, que permite pagar mais a algumas pessoas, deve-se ter em mente a forma como fazer essa distinção. A comunidade deve discutir que critérios usará para decidir quem deve receber mais, ou menos.

A diferenciação salarial pode ser um fato aceito com naturalidade dentro do projeto, desde que fiquem claros os critérios utilizados para fazê-la. Estes podem ser os mais variados: instrução do ocupante da função, dedicação ao trabalho, envolvimento na causa comunitária, responsabilidade, entre outros.

Vale ressaltar, no entanto, que não é obrigatório fazer diferenciações salariais: estas podem ser interessantes, até mesmo podem servir como estímulo para o pessoal que trabalha; por outro lado, pode-se perceber que em alguns casos não se deve fazê-las, que todos têm de receber a mesma remuneração.

Outras formas de remuneração

Este item é fundamental quando se trata de projetos comunitários, uma vez que, dada a escassez de recursos, nem sempre se pode pagar um salário a cada membro do projeto.

No dia-a-dia da administração de um projeto comunitário, encontram-se as mais diversas formas de estimular a participação. Claro que a motivação principal dessas pessoas é o trabalho comunitário, a consciência da importância de trabalharem juntas por uma causa comum. Mas podem existir, ao lado dessa motivação maior, pequenos benefícios que estimulem as pessoas a trabalhar, como: refeições grátis no projeto, possibilidade de fazerem cursos gratuitos, ensino para os filhos (escola comunitária), pagamentos em gêneros alimentícios (numa comunidade rural em que seus membros não podem pagar o pessoal do projeto em dinheiro, mas em alimentos) etc.

Análise de desempenho

Chega-se, agora, a um ponto muito importante no que diz respeito ao projeto comunitário e ao desempenho de seus funcionários. Como se trata dos aspectos que dizem respeito ao pessoal do projeto, enfatiza-se essa análise no desempenho das pessoas ao executarem suas atividades.

Por meio da análise de desempenho dos indivíduos, pode-se:

- verificar a adaptação da pessoa à função — às vezes uma pessoa não tem um bom desempenho em uma determinada função porque não combina com ela, não tem afinidade ou temperamento para executar determinadas tarefas. Nesses casos, pode-se tentar fazer um rodízio para ver se essa pessoa desempenharia melhor outra função;
- verificar necessidades de treinamento — outras vezes, o desempenho pouco satisfatório de uma pessoa em uma função se deve à falta de determinados conhecimentos, e essa carência pode ser resolvida com treinamento;
- estimular o auto-aperfeiçoamento — a análise de desempenho é útil para que as pessoas percebam suas falhas e dificuldades e se empenhem em aperfeiçoar o trabalho.

Esses são os principais pontos da análise de desempenho em projetos comunitários. A melhor maneira de realizar essa análise, tendo em vista a natureza do trabalho comunitário, é de forma coletiva, ou seja, por meio de reuniões em que todos os membros do projeto se auto-avaliarão e discutirão suas principais dificuldades. Essas reuniões podem ser feitas uma vez ao ano ou mesmo a cada seis meses. Para a sua realização, é importante que sejam definidos os critérios que serão utilizados para que cada membro se auto-avalie. A definição desses critérios deve ser feita coletivamente e ela é importante para que as análises sejam compatíveis, para que todos se avaliem pelos mesmos indicadores.

Além dos pontos já citados que dizem respeito aos objetivos da análise de desempenho — a adequação da pessoa à função, a identificação de necessidades de treinamento e o estímulo ao auto-aperfeiçoamento de seus membros —, deve-se, mais uma vez, ressaltar aquele que é fundamental: o aprimoramento do projeto. Todos os outros giram em torno dessa idéia, de que, coletivamente, se possa melhorar cada vez mais o trabalho no projeto.

Administração de recursos materiais

Objetivos

Em geral, tudo que se utiliza num projeto, como móveis, equipamentos, utensílios de uso geral, alimentos, roupas etc., é considerado material. A administração desses materiais constitui o objeto de estudo desta etapa.

Na administração dos materiais utilizados em uma horta comunitária, é preciso se preocupar com o adubo, as sementes, pás, foices, enxadas, entre outros. A gestão dos recursos materiais procura, portanto, organizar, controlar e, sobretudo, permitir que o projeto comunitário continue em andamento, sem que faltem materiais, assegurando o abastecimento, prevendo, pelo controle do consumo, o fim de um material/equipamento e providenciando a compra de um novo para garantir o estoque de material do projeto.

A administração do material corresponde ao planejamento, organização, direção, coordenação e controle de todas as tarefas necessárias para aquisição, guarda, controle e aplicação dos materiais destinados às atividades operacionais do projeto.

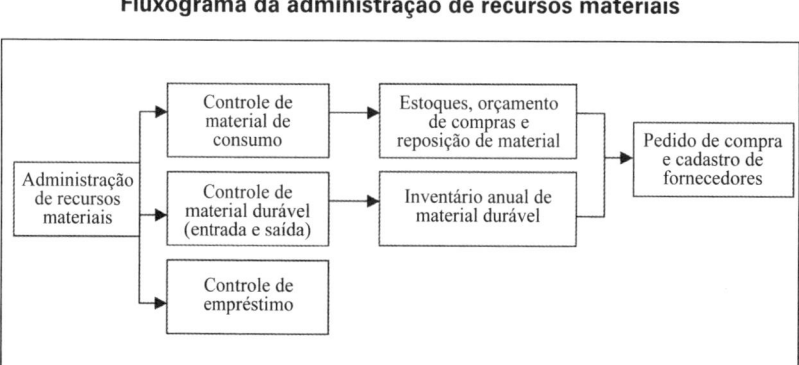

Figura 6
Fluxograma da administração de recursos materiais

Instrumentos para administração dos recursos materiais

Para o controle dos recursos materiais, é importante fazer distinção entre material "de consumo" e material "durável". *Material de consumo* é aquele que se consome diariamente no projeto, como alimentos, lápis, giz, sementes, adubo, papel higiênico, lâmpadas etc., que necessitam de acompanhamento regular e de avaliação mensal justamente por serem consumidos permanentemente.

Material durável são os equipamentos, ferramentas, móveis e utensílios que se encontram em uso diariamente, mas têm substituição apenas eventual, em função do tempo de vida útil.

Controle de material de consumo

A forma de administrar esses materiais é o controle de material de consumo, em que se faz o acompanhamento diário dos itens consumidos no projeto ao longo de todo o mês. Quando há uma grande variedade de materiais, separa-se por categorias — por exemplo: material de escritório, de limpeza e gêneros alimentícios.

Na ficha 18, observamos o exemplo de controle mensal de material de consumo do projeto de horta orgânica.

Ficha 18
Exemplo de controle mensal de material de consumo

Materiais	1	2	3	4	5	6	...	25	26	27	28	29	30	Consumo
Sementes (kg)	1	1	1	1	1	–		–	–	–	–	–	–	5
Adubo orgânico (kg)	–	–	5	–	5	–		–	–	–	–	–	–	10
Inseticida orgânico (g)	–	–	–	–	–	–		340	–	–	–	–	–	340
Sacolas plásticas (unid.)	–	–	–	–	–	–		–	100	100	100	100	120	520

Sugerimos a utilização de uma balança para o cálculo de materiais medidos por peso (kg, g), no caso das sementes. Na última coluna, registra-se o total somado do mês — por exemplo, no final do mês foram gastos 10 kg de adubo, 520 sacolas plásticas etc. Dessa forma, é possível saber quanto o projeto (horta) gasta no final do mês com cada material.

As vantagens desse tipo de controle são:

- comprar melhor — por meio do controle de material, é possível determinar quando se deve novamente comprar o material, e por isso é indispensável que se utilizem os instrumentos sugeridos para ter uma idéia de quando, onde e por qual preço se pode comprar o material desejado;
- não deixar faltar material — controlando sua utilização e reposição por meio dos instrumentos citados anteriormente;
- criar um futuro orçamento para compras — pelos registros do material que se está controlando, é possível ter noção, após alguns meses, do material necessário nos períodos mensais, trimestrais, semestrais e anuais, o que permite uma melhor administração de recursos materiais, sabendo-se quanto o projeto gastou durante qualquer um desses períodos.

Controle de entrada e saída de material durável

As fichas 19 e 20 representam um exemplo de controle de entrada e saída de material durável, sendo uma lista de todo o material dessa espécie que o projeto possui — no caso da horta: pás, enxadas, foices, mangueiras d'água etc.

O primeiro passo quando se quer fazer esse levantamento é listar todos os materiais pertencentes ao projeto ou que façam parte dele. Depois, contam-se o número e a quantidade de cada item listado — por exemplo: quatro enxadas, quatro ancinhos etc. Tudo isso pode, a partir de então, ser controlado por um sistema de entrada e saída de material.

Sempre que um material for comprado ou ganho por doação ao projeto, atualiza-se o controle de entrada de material, anotando-se a quantidade e a data, como no exemplo das enxadas compradas em 30 de abril e em 15 de outubro.

Ficha 19
Exemplo de controle de entrada de material durável

Lista de material	Levantamento inicial (2-1-2007)	Quantidade comprada/ recebida	Data entrada	Quantidade comprada/ recebida	Data entrada	Total de entradas no ano
Carrinho de mão	4	1	1/5	–	–	1
Pá	4	1	20/4	1	4/11	2

Continua

Lista de material	Levantamento inicial (2-1-2007)	Quantidade comprada/ recebida	Data entrada	Quantidade comprada/ recebida	Data entrada	Total de entradas no ano
Enxada	4	1	30/4	1	15/10	2
Ancinho	4	1	25/5	–	–	1
Foice	4	–	–	–	–	–
Pia com bancada	2	–	–	–	–	–
Mangueira	0	100 m	10/1	50 m	20/9	150 m

Com a venda, quebra ou empréstimo de material ocorre o mesmo, só que se deve anotar no controle de saída de material, mencionando a data e quantidade do material que saiu, como no exemplo da pá em 4 de novembro.

Ficha 20
Exemplo de controle de saída de material durável

Lista de material	Quantidade saída	Data saída	Quantidade saída	Data saída	Total de saídas no ano
Carrinho de mão	–	–	–	–	–
Pá	1	4/11	–	–	1
Enxada	1	15/10	–	–	1
Ancinho	–	–	–	–	–
Foice	–	–	–	–	–
Pia com bancada	–	–	–	–	–
Mangueira	40 m	20/9	–	–	40 m

Inventário anual de material durável

Após o preenchimento, durante todo o ano, do controle de entrada e saída de material durável, chega-se finalmente à etapa do inventário, que deve ser sempre feito ao final do ano, utilizando o total de todos os materiais que entraram e saíram do projeto e foram anotados nas fichas 19 e 20.

Assim, para cada material do projeto, tem-se condição de calcular exatamente sua quantidade ao final do ano. Dessa maneira, por exemplo, soma-se o total do controle de entrada de material e o total do controle de saída e faz-se o seguinte cálculo: a quantidade que se tinha no primeiro levantamento inicial (quando se fez a relação de materiais da horta), mais a quantidade que entrou e menos a quantidade que saiu, o que dará a quantidade disponível de todo o material do projeto.

Utiliza-se a fórmula: (quantidade levantada inicial) + (quantidade que entrou período) − (quantidade que saiu no ano) = X (total do material durável disponível no projeto).

Ficha 21
Exemplo de cálculo do inventário

Lista de material	Quantidade levantamento inicial	Quantidade entrada	Quantidade saída	Material disponível ao final do ano
Carrinho de mão	4	1	–	5
Pá	4	2	1	5
Enxada	4	2	1	5
Ancinho	4	1	–	5
Foice	4	–	–	4
Pia com bancada	2	–	–	2
Mangueira	–	150 m	40 m	110 m

Exemplo: havia quatro enxadas na data do primeiro inventário/levantamento feito na horta, e compraram-se duas enxadas (dias 30/4 e 15/10) até o final do ano. Subtraindo-se a enxada que saiu (estragou-se), temos cinco enxadas no final do ano.

Empréstimo de material

Não são raros os casos de projetos comunitários que não controlam seus bens materiais. Emprestam pás, vassouras, cadeiras, colchonetes, enfim todo o material pertencente à comunidade e que acaba extraviado, quebrado e até sendo esquecido por falta de controle.

É fundamental, se houver necessidade de transferência de material de um local para outro (em caso de atividade do projeto fora de sua sede), anotar tudo que esteja saindo para se ter certeza de que voltará assim que termine o evento que motivou seu empréstimo. Um instrumento simples para realizar esse acompanhamento é o controle de empréstimo de material.

Ficha 22
Exemplo de controle de empréstimo de material

Empréstimo						Devolução		
Material	Data saída	Quant. pedida	Quem pediu	Motivo	Quem autorizou	Data devolv.	Quant. devolv.	Quem recebeu
Ancinho	27/9	2	Sr. Pedro	Mutirão de limpeza	Sra. Conceição	4/10	2	Sra. Conceição
Enxada	27/9	2	Sr. Pedro	Mutirão de limpeza	Sra. Conceição	4/10	2	Sra. Conceição

Algumas observações sobre empréstimos de materiais:

- fixar um prazo para a devolução, sempre o mais rápido possível;
- fazer com que o material emprestado volte sempre no mesmo estado de conservação;
- o recebimento do material emprestado deve, de preferência, ser feito pelo responsável pelo empréstimo;
- caso o espaço destinado à devolução do material permaneça durante muito tempo em branco, será sinal de que o material ainda não voltou à comunidade, devendo-se ir reclamá-lo em seguida.

Estoque

É todo material adquirido para ser guardado em local próprio, com o objetivo de ser utilizado apenas em situações futuras. Os motivos de estocagem podem ser diversos, como assegurar a disponibilidade dos materiais, o indício de uma futura falta do produto no mercado ou o preço no ato da compra.

O controle de estoque de material, para ser simplificado e atualizado, deve sempre constar de um arquivo, e cada movimentação de um material específico deve ser anotada imediatamente, a fim de manter sempre atualizado o saldo do material. Os materiais duráveis não fazem parte desse arquivo por estarem disponíveis no controle de entrada e saída, que servem ao cálculo do inventário.

Pensemos no caso do projeto de horta orgânica: é sabido que ao final do mês é realizada a colheita dos produtos e sua comercialização, sendo necessária então a disponibilidade de sacolas plásticas para a entrega dos produtos. O estoque fornecerá, na medida da necessidade, as sacolas ao pessoal do balcão de vendas.

Para que não falte material, é necessário que o estoque seja bem controlado, a partir das informações do consumo diário do material e do acompanhamento do comportamento histórico desse consumo, que pode ser obtido por meio do controle mensal de material de consumo (ficha 18).

O produto de estoque geralmente tem um prazo de validade para ser utilizado, caso contrário não teria sentido apenas guardá-lo. Como exemplo, apresentamos uma ficha preenchida de controle de estoque de um material de consumo (ficha 23).

Ficha 23
Exemplo de estoque de consumo

MATERIAL: sacolas plásticas MEDIDA: unidade				
Data saída/ entrada	Estoque atual	Quantidade de entrada	Quantidade de saída	Saldo do estoque
1/10	50	0	0	50
25/10	50	500	0	550
26/10	550	0	200	350
27/10	350	0	0	350
28/10	350	0	200	150
29/10	150	0	0	150
30/10	150	0	120	30
1/11	30	0	0	30

Importante: o saldo do estoque é sempre calculado quando existe movimentação de material, ou de entrada ou de saída. O cálculo é simples: (estoque atual) + (quantidade de entrada) – (quantidade de saída) = (saldo do estoque). O *saldo do estoque* representa o *estoque atual* do dia seguinte.

Material de consumo e sua reposição

Quando o material de consumo comprado para um determinado período termina, pode-se calcular o tempo que durou. Esse tempo é chamado período de consumo, e a quantidade consumida forma o ciclo de consumo. O ciclo é verificado por meio da observação e dos controles de consumo e de estoque. Na ficha 18, pode-se notar que a quantidade consumida de adubo orgânico foi de 10 kg. Ao final, deve-se repor a quantidade de adubo orgânico, tirando-a de um eventual estoque.

É fácil deduzir que, se para um mês foram necessários 10 kg de adubo, para seis meses serão necessários 60 kg. É assim que o controle do consumo e do seu período permite que se faça um orçamento de compras. Com isso, para qualquer material é possível, com as informações do controle mensal de insumos e controle de estoque, saber o momento da reposição.

Risco da falta de material/margem de segurança

O risco da falta de material deve ser diminuído por meio da utilização de uma margem de segurança, que é a quantidade capaz de suportar o consumo normal do referido material no caso de haver um atraso de reposição. Ou seja, é a quantidade que se calcula que deva ser comprada a mais apenas para suportar alguns dias (cinco a 10 dias) de atraso na reposição.

No controle de consumo apresentado na ficha 18, calculou-se a quantidade consumida no mês e, a partir daí, calcula-se a quantidade que daria para mais cinco ou 10 dias em função do que se anotou para um mês. Assim, a cada final do mês seguinte tem-se uma margem de segurança já pronta, bastando que se façam as compras calculadas para o mês.

Uma observação importante é que isso só deve ser comprado na primeira vez — a não ser que haja atraso na reposição e tudo seja consumido. Aí, sim, deve-se comprar não somente o que foi calculado para o mês, como também a quantidade necessária à reposição do período de segurança de cinco ou 10 dias. Caso nunca haja atraso, sempre haverá um estoque de segurança guardado.

Vejamos um exemplo de margem de segurança: se para um mês é preciso sempre, como vimos na ficha 18, 10 kg de adubo por mês (quatro semanas), sabe-se que para uma semana é preciso 2,5 kg de adubo. Assim, no momento da primeira compra do mês, deve-se comprar não só os 10 kg necessários para o mês como também mais 2,5 kg, que estarão sempre disponíveis em estoque, gerando uma margem de segurança de uma semana (sete dias). Isso dará ao projeto a possibilidade de lidar com os imprevistos que costuma enfrentar (falta de recursos, atraso de verba, atraso de entrega etc.).

Observação importante: essa margem de segurança é necessária para alguns produtos básicos à continuidade do projeto, como, por exemplo, alimentos, produtos de limpeza, sementes e adubo.

Falta de material

É o ponto em que o nível de estoque do referido material se encontra a zero. A administração de material deve ter plena consciência das conseqüências desse ponto: uma vez que a margem de segurança já foi consumida, pode haver paralisação das atividades (figura 7).

Figura 7
Fluxo de reposição de materiais

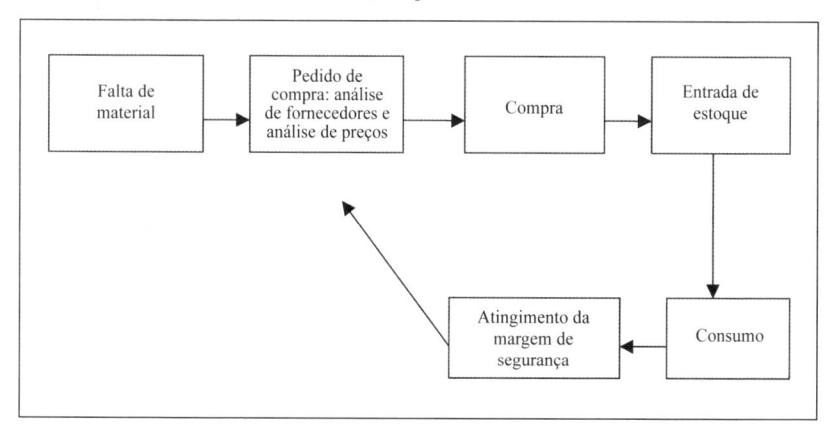

```
Falta de material → Pedido de compra: análise de fornecedores e análise de preços → Compra → Entrada de estoque
                                ↑                                                                    ↓
                    Atingimento da margem de segurança ← Consumo
```

Portanto, é importante que, ao se atingir a margem de segurança, o pedido de compra seja encaminhado para não deixar que o material venha a faltar, o que poderia acarretar um longo tempo de reposição.

Pedido de compra

Chama-se pedido de compra o processo de aquisição do material. Aqui se verificam a disponibilidade dos recursos financeiros para realizar a compra, os prazos de consumo e de entrega, e o cadastro de fornecedores.

O pedido de compra é iniciado pelas pessoas responsáveis pelos diversos materiais dentro de um projeto. Assim, o responsável pela horta orgânica sempre saberá, pelos instrumentos de controle disponíveis, quando um material de sua responsabilidade está prestes a terminar.

No exemplo apresentado na ficha 24, o sr. Pedro, responsável por cuidar da horta, pediu 10 kg de adubo orgânico para compra imediata pela sra. Conceição, a responsável pelo reabastecimento do projeto. Portanto, o sr. Pedro preencheu apenas a parte do pedido reservada à quantidade do produto e a assinatura, enquanto a sra. Conceição, ao pesquisar preços e lojas, anotou os melhores preços, o endereço e a data da compra.

Ficha 24
Exemplo de pedido de compra

Material	Quantidade/unidade	Preço unitário (R$)	Valor total (R$) (quantidade x preço)
Adubo orgânico	10 kg	1,50	15,00
Total			15,00
Loja: Agrorural			
Endereço: Rua do Rosário, nº 268, loja D — CEP: 22589-300			
Telefone: (21) 2589-4578			
Contato: Luciano			
Data: 27-9-2007			
Responsável pela compra: sra. Conceição			
Responsável pelo pedido: sr. Pedro			

Cadastro de fornecedores

Com as constantes compras, as informações sobre lojas, endereços e preços poderão gerar um cadastro de fornecedores, no qual se poderá consultar, a cada nova necessidade de compra, as melhores condições de aquisição do material. Com o preenchimento do cadastro, cria-se um arquivo de fornecedores do projeto.

Ficha 25
Exemplo de cadastro de fornecedor

Cadastro de fornecedor
Razão social: Caetano e Silva Ltda.
Nome fantasia: Agrorural
Endereço: Rua do Rosário, nº 268, loja D — CEP: 22589-300
Cidade: Rio de Janeiro
Telefone: (21) 2589-4578
Contato: sr. Luciano
Materiais encontrados: ração, adubos, sementes, produtos veterinários, ferramentas e equipamentos rurais

Administração de recursos financeiros

Objetivos

Neste item, trataremos dos recursos financeiros e seu papel na administração de projetos comunitários. Por recursos financeiros, entende-se o dinheiro necessário para o alcance dos objetivos planejados para o projeto. Assim, a administração de recursos financeiros nada mais é do que prever e acompanhar as entradas e saídas de dinheiro no projeto, com a preocupação de garantir a viabilidade prevista na fase de elaboração. Todo e qualquer tipo de empreendimento, não importando sua finalidade, terá de administrar os recursos financeiros para garantir sua continuidade.

Contratar pessoas, comprar materiais, vender produtos ou serviços, receber repasses das instituições financiadoras ou ainda receber contribuições da comunidade, tudo isso envolve dinheiro e, como conseqüência, deverá ser administrado com a ajuda dos instrumentos de administração financeira apresentados em seguida.

Como já foi visto no primeiro capítulo, existe um passo anterior à implementação do projeto — a elaboração do projeto — e já nessa fase a preocupação com a administração dos recursos financeiros está presente. Quando se estudou a viabilidade do projeto, certamente foram identificadas as fontes de financiamento, elaborados estudos sobre a capacidade de vender os produtos ou serviços do projeto e mesmo formas de captação de recursos para o projeto (tratadas no capítulo 4).

Tendo sido implantado o projeto, a questão passa a ser como administrá-lo e, no que diz respeito aos recursos financeiros, alguns instrumentos que podem ajudar são: *orçamento, fluxo de caixa, livro-caixa* e *prestação de contas*.

O fluxo de administração de recursos financeiros (figura 8) mostra a seqüência dos instrumentos que serão vistos neste item.

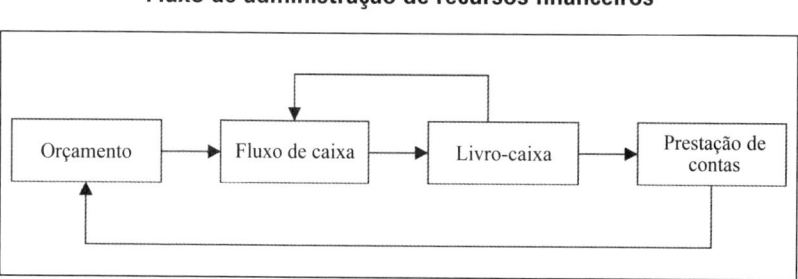

Figura 8
Fluxo de administração de recursos financeiros

Orçamento → Fluxo de caixa → Livro-caixa → Prestação de contas

Esses instrumentos podem e devem servir não só a uma boa administração financeira, como também reforçar a participação comunitária, uma vez que, se forem elaborados com o auxílio dos membros da comunidade envolvidos no projeto, retratarão decisões coletivas, além de assegurar que as informações sobre a administração dos recursos financeiros estejam permanentemente ao alcance da comunidade, para análise e acompanhamento.

O orçamento e o fluxo de caixa são instrumentos de planejamento que auxiliam na previsão, na projeção da entrada e saída de recursos financeiros. Já os instrumentos livro-caixa e prestação de contas retratam a real, a efetiva entrada e saída de recursos.

Orçamento

Fazer um orçamento é pôr no papel as previsões sobre as despesas (gastos) e receitas (ganhos) que devem ocorrer no projeto em um determinado período de tempo, isto é, fazer uma simulação, registrar o que se espera que irá acontecer ao longo do ano. É fazer uma estimativa que poderá ou não se confirmar.

O orçamento pode ser uma previsão para um mês, um semestre ou, mais comumente, para um ano. Ou ainda, no caso da proposição de um projeto para instituições apoiadoras e/ou financiadoras, pelo período de implantação inicial do projeto.

As despesas serão previstas para cada item do orçamento, ou seja:

- despesas com a contratação de pessoal (salários, benefícios, encargos etc.);
- despesas com a compra de material ou matéria-prima;
- despesas com a manutenção, construção ou melhoria das instalações do projeto;
- despesas com a compra de equipamentos etc.

Por outro lado, também as receitas deverão ser previstas sob o mesmo critério (mês, semestre ou ano):

- receitas das contribuições da comunidade;
- receitas de doações de terceiros;
- receitas com a venda de produtos ou serviços do projeto;
- receitas dos repasses das instituições financiadoras.

Os itens anteriormente identificados são exemplos do que pode compor um orçamento; dependendo do caso, um número maior de itens poderá ser adicionado.

O objetivo do orçamento é prever, é estimar com antecedência quanto será gasto pelo projeto e de quanto serão suas receitas no período de tempo considerado.

Ao se fazer essa previsão, e sendo o orçamento do tipo anual, o valor lançado para cada item será a soma das despesas ou das receitas mensais para esse item, como no exemplo mostrado no quadro 6.

Quadro 6
Simulação de um orçamento

	Jan.	Fev.	Mar.	Abr.	Maio	Jun.	Jul.	Ago.	Set.	Out.	Nov.	Dez.
DESPESAS												
Pessoal	40	40	60	60	90	90	90	120	120	120	150	150
Encargos	15	15	25	25	25	35	35	45	45	45	55	55
Luz/gás	5	10	10	20	25	30	40	60	70	80	90	90
Matéria-prima	100	120	140	160	200	200	250	250	300	350	400	400
Compra equip.	–	–	–	–	100	–	–	–	–	–	–	–
Manutenção de equip.	10	10	10	15	15	15	20	20	20	20	30	30
Total das despesas	*170*	*195*	*245*	*280*	*455*	*370*	*435*	*495*	*555*	*615*	*725*	*725*
RECEITAS												
Vendas	200	250	300	350	400	450	450	550	600	650	750	850
Contribuições	20	50	30	35	40	45	45	55	60	50	75	50
Total das receitas	*220*	*300*	*330*	*385*	*440*	*495*	*495*	*605*	*660*	*700*	*825*	*900*
Saldo	*50*	*105*	*85*	*105*	*-15*	*125*	*60*	*110*	*105*	*85*	*100*	*175**
Saldo acumulado	50	155	240	355	340	465	525	635	740	825	925	1.100

Obs.: Valores atribuídos em reais (R$).
* Para chegar a esse saldo, foi realizado o seguinte cálculo: total das receitas (900) – total das despesas (725) = saldo (175).

No exemplo do quadro 6, em quase todos os meses as receitas previstas são maiores que as despesas previstas. Isso significa que, no final de cada mês, após o pagamento de todas as despesas previstas, haverá um pequeno excedente, o projeto terá algum dinheiro "em caixa", que poderá ser guardado e gasto em outro momento. Como se pode observar, no entanto, no mês de maio, quando se prevê a compra de um equipamento no valor de 100, as despesas totais ficariam em 455, enquanto a receita mensal seria de apenas 440. Para compensar essa diferença, nos meses anteriores a maio, o orçamento planeja receitas maiores que as despesas e, com isso, sobra uma quantia que cobre a diferença entre receita e despesa do mês de maio.

Ao preparar o orçamento, deve-se contar com o maior número possível de pessoas da comunidade a fim de que cada uma contribua para uma melhor elaboração do orçamento. Essa participação é muito importante, porque poderão ocorrer situações em que os recursos previstos como receita não atenderão a todas as necessidades de despesas e, para igualar receitas e despesas, haverá a necessidade de dar prioridade a determinados itens. Isto é, pode ser que a estimativa de receita não se confirme ou que novas despesas, não orçadas, apareçam e sejam inadiáveis. Dessa forma, será necessário que a comunidade ajuste, refaça o seu orçamento e decida eventuais cortes em outras despesas.

Um orçamento deve buscar o equilíbrio entre receitas e despesas; em outras palavras, o total previsto de despesas deve ser igual ou inferior ao total previsto para as receitas. Nada impede, entretanto, que o orçamento, mesmo sem apresentar esse equilíbrio, sirva para identificar a necessidade de buscar novas fontes de recursos financeiros, a fim de manter a viabilidade do projeto.

Elaborado e aprovado pela comunidade ou pelos seus representantes, o orçamento deverá ter um acompanhamento das despesas e receitas de cada mês, que serão comparadas com o que foi previsto. Havendo uma diferença muito grande entre o previsto e o realizado (efetivamente gasto ou recebido) em um ou mais itens, os responsáveis pelo projeto deverão analisar as causas dessa diferença e buscar uma solução que corrija essa situação e não a deixe se agravar.

A partir do orçamento de implantação do projeto da horta orgânica (ficha 11), que reproduzimos a seguir, construímos o exemplo do orçamento semestral do projeto, mostrado na ficha 26.

Ficha 11
Exemplo de orçamento resumido

Descrição	Subtotal	Total (R$)
1. Material de construção		3.952,35
2. Móveis e utensílios		800,00
3. Ferramentas e utensílios		628,00
4. Material de apoio		1.150,00
5. Material pedagógico		245,50
6. Material de limpeza		101,60
7. Despesa de pessoal		9.750,00
8. Insumos para o plantio		450,00
Total geral		**17.077,45**

Ficha 26
Exemplo de orçamento semestral do projeto de horta orgânica

Despesas	Jan.	Fev.	Mar.	Abr.	Maio	Jun.
Material de construção	3.650	0	0	0	0	0
Móveis e utensílios	0	800	0	0	0	0
Ferramentas e utensílios	300	350	0	0	0	0
Material de apoio	0	1.150	0	0	0	0
Material pedagógico	0	150	100	0	0	0
Material de limpeza	100	100	100	100	100	100
Pessoal	9.150	9.150	6.650	6.650	6.650	6.650
Insumo	450	0	450	0	450	0
Manutenção (luz, água)	200	200	200	200	200	200
Total das despesas	*13.850*	*11.900*	*7.500*	*6.950*	*7.400*	*6.950*
Receitas						
Vendas	200	250	300	350	400	450
Financiador	13.500	12.000	7.000	7.000	7.000	7.000
Total das receitas	*13.700*	*12.250*	*7.300*	*7.350*	*7.400*	*7.450*
Saldo	*−150*	*350*	*−200*	*400*	*0*	*500*
Saldo acumulado	**−150**	**200**	**0**	**400**	**400**	**900**

É importante observar que o orçamento apresentado na etapa de elaboração do projeto contempla apenas a previsão orçamentária para a implantação do projeto e não considera a administração do projeto. Em nosso exemplo, cabe destacar que as despesas com material de limpeza, insumos e pessoal são constantes e precisam ser orçadas e consideradas mensalmente ou com a periodicidade específica. Também cabe destacar que a redução das despesas com pessoal é devida ao encerramento da construção, que implicava a contratação e pagamento de um pedreiro e dois auxiliares.

Fluxo de caixa

Como poderemos observar no próximo item, livro-caixa, as despesas e as receitas do projeto não são pagas ou recebidas na mesma data. Isso leva à necessidade de controlar recursos, prever esses movimentos de entrada e saída de dinheiro, devendo-se, portanto, com certa antecedência, prevenir e ter recursos disponíveis para as despesas nas datas previstas. Em outras palavras, no exemplo da horta orgânica, se o repasse da instituição XYZ, referente ao mês de janeiro de 2007, for feito no dia 20, somente após esse dia pode-se pagar as compras e efetuar os pagamentos em função do saldo disponível em caixa.

Para que haja esse controle, existe um instrumento de administração de recursos financeiros, que é o fluxo de caixa.

Fluxo de caixa transmite a idéia de que continuamente há entrada e saída de recursos financeiros (dinheiro) e que isso acontece em datas diferentes. Assim, os responsáveis pelo projeto, no final de cada mês, devem elaborar o fluxo de caixa para o mês seguinte, utilizando os itens do orçamento, o saldo de caixa apontado no livro-caixa, como veremos no próximo item, prevendo a data dos pagamentos e recebimentos que ocorrerão naquele mês.

Vejamos, então, o exemplo de elaboração de um fluxo de caixa para o mês de março de 2007.

Para esse exemplo, imaginam-se algumas situações referentes ao dia-a-dia da administração de recursos financeiros de um projeto. Na última semana do mês de fevereiro, torna-se necessária a elaboração do fluxo de caixa para o mês seguinte, março, a fim de saber se as receitas esperadas serão recebidas de acordo com as datas previstas para as despesas:

- no fim do mês de fevereiro, há um saldo no valor de 4.570;
- o repasse da instituição financiadora do projeto será regularizado e dar-se-á por volta do dia 5 do mês de março, no valor de 5.000;

- por volta do dia 5 de cada mês, há a necessidade de pagar água e luz, no valor de 130;
- o pagamento do pessoal contratado do projeto será feito no dia 6 do mês de março, no valor de 6.650;
- a compra bimensal de adubos será feita nos dias 10 e 24 do mês de março, no valor de 50 por compra;
- e, dependendo da disponibilidade de dinheiro (recursos financeiros), entre os dias 25 e 29 do mês de março, deve-se comprar material pedagógico, no valor de 150.

Com essas informações, pode-se então elaborar o fluxo de caixa para o mês de março (ficha 27)

Ficha 27
Exemplo de fluxo de caixa

Dia	Saldo anterior	+ Receita	−Despesa	= Saldo fim do dia
1	4.570			4.750
2				
3				
4				
5	4.750	5.000	130	9.620
6	9.620		6.650	2.970
7				
8				
9				
10	2.970		50	2.920
11				
12				
13				
14				
15				
16				
17				
18				
19				
20				
21				
22				
23				
24	2.920		50	2.870
25				
26				
27	2.870		150	2.720
28				
29				
30				
31	2.720			2.720

Duas observações sobre a ficha 27:

❑ o saldo do final do dia 31 de março (2.720) será o saldo inicial do dia 1º de abril (não houve movimentação no dia 31);

❑ ao se elaborar o fluxo de caixa, verifica-se que seria possível comprar o material pedagógico, uma vez que, após pagar todas as despesas do projeto, sobraram 2.870 (saldo no fim do dia 24); assim, no dia 27 seria comprado esse material, no valor de 150, e o saldo no final do dia ficaria em 2.720.

Valor do dinheiro no tempo

Ao pensarmos em fluxo de caixa, é importante levar em consideração o valor do dinheiro no tempo. Sabe-se que, se não houvesse inflação, uma determinada importância, digamos, R$ 1.000,00 poderia comprar, por exemplo, 100 kg de areia, hoje, amanhã ou daqui a seis meses. A nossa realidade, porém, é diferente, razão pela qual devemos levar em consideração a influência da inflação no desenvolvimento de um projeto. Ainda que hoje, no Brasil, a taxa de inflação seja baixa, se comparada às taxas de 15 ou 20 anos atrás, não podemos desprezá-la no desenvolvimento de um projeto.

O processo inflacionário faz o dinheiro perder o seu valor ao longo do tempo; assim, se hoje R$ 1.000,00 compram 100 kg de areia, daqui a seis meses, com uma inflação de, por exemplo, 1% ao mês, os mesmos R$ 1.000,00 provavelmente só comprarão 94 kg de areia. Percebe-se, então, que não considerar o valor do dinheiro ao longo do tempo poderá comprometer a realização de um projeto.

Livro-caixa

O uso do instrumento de administração de recursos financeiros chamado "livro-caixa" serve, sobretudo, para fazer os registros, de forma ordenada, dos movimentos de entrada e saída de dinheiro, informando de maneira resumida de onde veio esse recurso, se essa entrada de dinheiro foi originada de uma venda de produtos ou serviços, se foi repasse de instituição financiadora etc. Da mesma forma, os pagamentos devem ser descritos para a identificação precisa do seu destino. Assim pode-se ter, por exemplo, pagamento ao armazém local pelo fornecimento de adubos e sementes para a horta orgânica, ou ainda pagamento referente à folha do pessoal da obra no mês de março.

Nesse ordenamento dos registros de entrada e saída que são feitos no livro-caixa, cada linha preenchida corresponde a um movimento que pode ser de pagamento ou recebimento de dinheiro. Também é registrada, a cada linha, a data da operação para que possamos verificar, diariamente, se o total de recursos corresponde à diferença entre o que se recebeu e o que se pagou.

Na ficha 28, apresenta-se exemplo de um movimento mensal do livro-caixa da horta orgânica.

Ficha 28
Exemplo de preenchimento do livro-caixa

Data	Histórico	Despesa	Receita	Saldo
20/1	Repasse da instituição XYZ		5.000	
22/1	Compra de adubo e terra na Floricultura Paraíso	100		
28/1	Compra de ferramentas na Ferragem do Povo	300		
30/1	Pagamento do pessoal da obra	2.500		
31/1	Venda na Feirinha da Amizade		100	
31/1	*Saldo do final do mês de janeiro de 2007*	*2.900*	*5.100*	*2.200*
1/2	Saldo mês anterior			2.200
5/2	Pagamento da conta de luz	30		
5/2	Pagamento da conta de água	100		
20/2	Repasse da instituição XYZ		5.000	
28/2	Pagamento do pessoal da obra	2.500		
28/2	*Saldo do final do mês de fevereiro de 2007*	*2.630*	*7.200*	*4.570*

Observação: para calcular o saldo do mês de fevereiro, somam-se as receitas, 5.000, com o saldo do mês anterior, 2.200 (5.000 + 2.200 = 7.200), e subtraem-se do total as despesas do mês (30 + 100 + 2.500 = 2.630), encontrando, assim, o saldo do mês de fevereiro de 2007 (7.200 − 2.630 = 4.570).

No fim de cada mês, busca-se no livro-caixa o total das receitas que entraram no projeto, sempre agrupadas naqueles itens que estavam previstos no orçamento, e, da mesma forma, extrai-se o total das despesas também agrupadas nos itens orçamentários. De posse desses totais, compara-se com o orçamento, conforme explicado no final do item Orçamento.

Por fim, lembra-se que todo e qualquer movimento de recebimento e pagamento deve ser registrado no livro-caixa, e essa rotina deve ser entendida como de muita importância, a fim de garantir que os lançamentos do livro-caixa representem a realidade, servindo de controle e de mecanismo de informação para a comunidade.

Prestação de contas

Para divulgar os resultados financeiros do projeto para a comunidade, ou mesmo para as instituições que colaboram no financiamento do projeto, sejam elas de governo, movimentos religiosos ou outras, é necessário que, periodicamente, se construa esse instrumento: prestação de contas. Ele retrata o que foi realizado, sua extensão na comunidade, suas realizações, e serve também para divulgar como foram administrados os recursos financeiros do projeto.

Não se trata aqui do balanço patrimonial-financeiro, utilizado por empresas, mas sim de uma prestação de contas; isto é, de onde vieram os recursos utilizados pelo projeto? Onde foram aplicados? Qual a situação financeira daquele momento? Quais as dificuldades a respeito dos recursos financeiros encontradas pelos responsáveis do projeto? Quais os envolvimentos e benefícios que o projeto tem propiciado àquela comunidade?

Quadro 7
Exemplo genérico de uma prestação de contas

Total das receitas (R)	600
Instituição KYZ	300
Associação de moradores	200
Venda dos produtos ou serviços	100
Total de despesas (D)	**570**
Matéria-prima	0
Gêneros alimentícios	200
Pagamento de pessoal e encargos	300
Impostos e taxas	5
Compras de equipamentos	65
Saldo = receita – despesas (600 – 570)	**30**

Elaborada a prestação de contas, cabe aos responsáveis pelo projeto divulgá-la para o maior número de pessoas, a fim de que todos conheçam a realidade da administração dos recursos financeiros do projeto.

Outra finalidade da prestação de contas é que ela serve para elaborar o orçamento do período seguinte, uma vez que facilita a comparação entre o que foi previsto no orçamento anterior e o que aconteceu efetivamente.

Assim, os responsáveis pelo projeto poderão analisar as informações dos dois instrumentos (orçamento e prestação de contas) e melhor decidir para a previsão futura do projeto, no que diz respeito aos recursos financeiros.

Antes de encerramos este tópico, retornaremos ao exemplo do projeto de horta orgânica e simularemos uma prestação de contas dos meses de janeiro e fevereiro de 2007 (ficha 29).

Ficha 29
Exemplo de prestação de contas

Projeto de horta orgânica social Prestação de contas Período: jan./fev. 2007	
Total das receitas (R)	**10.100**
Instituição XYZ	10.000
Venda dos produtos	100
Total de despesas (D)	**5.530**
Pessoal da obra	5.000
Adubo e terra	100
Luz	30
Água	100
Compras de ferramentas	300
Saldo = receitas − despesas (10.100 − 5.530)	**4.570**

Caso prático

Conforme observamos no capítulo 1, foi elaborado um projeto para a implantação de uma biblioteca comunitária. Agora iremos administrar essa biblioteca e, para isso, utilizaremos as três ferramentas da administração apresentadas neste capítulo: recursos humanos, recursos materiais e recursos financeiros.

Em reunião do grupo que desenvolveu o projeto, ficou decidido que a biblioteca funcionará de segunda-feira a sábado, no período de oito às 12 horas e de 14 às 18 horas. Para isso, foi necessário estabelecer um *planejamento de recursos humanos* no qual ficou definido que será necessário que a biblioteca possua atendentes para o público em todos esses horários, voluntários que trabalharão quatro horas semanais. O grupo achou interessante que, além das atendentes, a biblioteca contratasse um estagiário em biblioteconomia para coordenar a catalogação e organização dos livros. Esse estagiário não precisaria trabalhar integralmente no projeto, mas deveria estar presente pelo menos duas vezes por semana para exercer suas funções e orientar as atendentes da biblioteca.

Aos sábados, o grupo achou interessante que a biblioteca desenvolvesse atividades de recreação, como saraus de poesia,[6] rodas de contadores de histórias etc., para os jovens e crianças da comunidade, com o objetivo de estimular a leitura. Por fim, o grupo também considerou importante que a biblioteca tivesse um coordenador-geral, capaz de captar recursos junto a empresas de dentro e de fora da comunidade, administrar os recursos da biblioteca e coordenar as diversas pessoas que estarão colaborando no projeto. Assim, o planejamento dos recursos humanos da biblioteca foi elaborado da forma apresentada no quadro 8.

Quadro 8
Demonstrativo de planejamento de recursos humanos

Projeto de biblioteca comunitária		
Função	Quantidade	Descrição sumária da função
Atendente	12	Atende os leitores e faz a sua inscrição, preenche os controles de empréstimos e mantém a biblioteca sempre limpa e organizada
Estagiário em biblioteconomia	1	Realiza a catalogação dos livros e instrui as atendentes sobre a organização do acervo
Recreador	2	Realiza as atividades de recreação, como rodas de leitura, saraus de poesia etc.
Coordenador	1	Coordena os colaboradores do projeto e faz a captação e administração dos recursos do projeto

O grupo decidiu que o *recrutamento de pessoal* seria feito da seguinte forma:

---

[6] Atividade onde acontece a leitura de poemas na forma de declamação.

- as pessoas que desempenharão a função de atendente serão recrutadas dentro da própria comunidade. Devem ter quatro horas disponíveis por semana, interesse em colaborar com o projeto, gostar de crianças e literatura infantojuvenil, além de serem bem-humoradas, pacientes, atenciosas, simpáticas e prestativas — características desejáveis para as demais funções;
- a pessoa que desempenhará a função de estagiário em biblioteconomia será recrutada por meio de anúncio em universidades que tenham o curso de biblioteconomia e será exigido que esteja cursando pelo menos o sexto período;
- para recrutar os recreadores, serão distribuídos alguns cartazes anunciando as duas vagas em cursos livres de poesia e de contadores de história que existam na comunidade ou nas proximidades;
- o coordenador será escolhido dentro do próprio grupo que elaborou o projeto, levando em consideração o integrante com maior disponibilidade de tempo e perfil para desempenhar as atividades necessárias à função.

A primeira fase da *seleção de pessoal* será realizada por meio do preenchimento de uma ficha pelo candidato a determinada função, conforme o modelo no quadro 9.

Quadro 9
Ficha de inscrição para o processo seletivo da biblioteca comunitária

Nome:
Endereço:
Data de nascimento:
Identidade:
Telefone:

Cargo ao qual deseja concorrer:
( ) atendente   ( ) recreador   ( ) estagiário em biblioteconomia

O que o motivou a participar do projeto?
_____
_____
_____

Continua

Possui alguma experiência em projetos comunitários? Quais?
_____
_____
_____

Possui alguma experiência em bibliotecas? Quais?
_____
_____
_____

Qual a sua disponibilidade de horário?
_____
_____
_____

Preenchidas as fichas pelos candidatos a cada cargo, será chamado para entrevistas com o coordenador do projeto o dobro de pessoas para o preenchimento das vagas planejadas. Aquelas que não forem chamadas num primeiro momento terão suas fichas de inscrição arquivadas, podendo futuramente, de acordo com a necessidade, ser convocadas.

Quando realizou o planejamento dos recursos humanos, o grupo do projeto de biblioteca comunitária também montou fichas detalhadas para a *descrição das funções* de cada uma das pessoas envolvidas, conforme os modelos nos quadros 10, 11, 12 e 13.

Quadro 10
Descrição da função

Título da função: atendente
Descrição sumária: atende os leitores e faz a sua inscrição, preenche os controles de empréstimos e mantém a biblioteca sempre limpa e organizada
Principais tarefas:
- recebe os leitores
- preenche as fichas de inscrição dos leitores

Continua

- preenche os controles de empréstimos dos livros
- mantém a biblioteca diariamente organizada e limpa

Remuneração: serviço voluntário
Benefícios: lanche no dia em que trabalhar na biblioteca
Carga horária: quatro horas semanais

Quadro 11
Descrição da função

Título da função: estagiário em biblioteconomia
Descrição sumária: realiza a catalogação dos livros e instrui as atendentes sobre a organização do acervo
Principais tarefas:
- realiza a catalogação dos livros doados, elaborando a ficha de cada livro
- instrui as atendentes da biblioteca sobre como mantê-la sempre organizada

Remuneração: bolsa de R$ 200,00 por mês
Benefícios: lanche nos dias em que trabalhar na biblioteca
Carga horária: 10 horas semanais flexíveis

Quadro 12
Descrição da função

Título da função: recreador
Descrição sumária: realiza atividades de recreação, como rodas de leitura, saraus de poesia etc.
Principais tarefas:
- realiza sempre aos sábados atividades de recreação com as crianças e jovens que freqüentam a biblioteca
- programa atividades diversas de recreação
- divulga a programação das atividades de recreação

Remuneração: R$ 100,00 reais por mês
Benefícios: lanche nos dias em que trabalhar na biblioteca
Carga horária: oito horas semanais, sempre aos sábados (8-12h e 14-18h)

Quadro 13
Descrição da função

Título da função: coordenador **Descrição sumária**: coordena os colaboradores, a captação e administração dos recursos do projeto **Principais tarefas**: ❏ realiza reuniões quinzenais com os colaboradores do projeto ❏ capta recursos junto a empresas e na comunidade para a manutenção do projeto ❏ administra os recursos materiais e financeiros do projeto e coordena os recursos humanos ❏ elabora campanhas de doação de livros para a biblioteca **Remuneração**: um salário mínimo **Benefícios**: lanche nos dias em que trabalhar na biblioteca **Carga horária**: 20 horas semanais

No início da operação da biblioteca comunitária, o coordenador observou que muitos dos livros que eram doados à biblioteca chegavam em estado muito ruim, sem capa e com folhas soltas. Logo percebeu a necessidade de promover o *treinamento* dos atendentes para realizarem a restauração desses livros. O estagiário em biblioteconomia contratado informou conhecer as técnicas de restauração de livros e se dispôs a treinar os atendentes. O treinamento foi marcado sempre aos sábados à tarde, durante duas semanas. Posteriormente, o grupo reunido avaliou como boa a idéia do treinamento, com a recuperação de muitos livros que, agora mais bonitos, incentivavam os leitores a percorrer suas páginas.

Conforme já observamos, foi estabelecido pelo grupo que os atendentes seriam membros da comunidade que trabalhariam como voluntários e que o estagiário em biblioteconomia, os recreadores e o coordenador deveriam receber *remuneração*, conforme o demonstrativo no quadro 14.

Para se precaver de futuras ações trabalhistas, foram elaborados *contratos de trabalho* e *termos de adesão dos voluntários*, conforme se pode ver nos quadros 15 e 16.

Quadro 14
Demonstrativo de remuneração

Função	Carga horária semanal	Remuneração	Benefícios
Atendente	4 horas	voluntário	lanche
Estagiário	10 horas	R$ 200,00	lanche
Recreador	8 horas	R$ 100,00	lanche
Coordenador	20 horas	1 salário mínimo	lanche

Quadro 15
Demonstrativo de contrato de trabalho

CONTRATO DE TRABALHO PARA O PROJETO DE BIBLIOTECA COMUNITÁRIA

Objeto

Este contrato possui como objeto a contratação de um coordenador para prestar serviços de coordenação dos colaboradores, captação e administração dos recursos do projeto de biblioteca comunitária.

Dados do empregador e do empregado

Empregador:
Biblioteca Comunitária
CNPJ: 080.300.500-0001-00
Rua da Leitura, nº 47 — Pilares — RJ
CEP: 22800-020 — Tel.: 4589-1200

Empregado:
Gustavo Souza Farias
CPF: 999.888.777-66
Rua do Leitor, nº 32 — Pilares — RJ
CEP: 22800-010 — Tel.: 4588-5258

Obrigações do empregado

Realizar reuniões quinzenais com os colaboradores do projeto; captar recursos junto a empresas e na comunidade para a manutenção do projeto; administrar os recursos materiais e financeiros do projeto; coordenar os recursos humanos e elaborar campanhas de doação de livros para a biblioteca.

Obrigações do empregador

Manter as condições necessárias para o bom desenvolvimento das funções do empregado.

Vigência

Este contrato vigorará por um ano, a partir da data de sua assinatura, podendo ser renovado por interesse de ambas as partes.

Continua

Remuneração e expediente
O empregado receberá o valor de um salário mínimo por uma carga horária de 20 horas semanais.

Reajustes e rescisão
O reajuste de qualquer valor ou cláusula do contrato, bem como sua rescisão, devem ser acordados entre ambas as partes.

Foro
Fica escolhido o foro da cidade do Rio de Janeiro para as questões não abordadas neste contrato.

Assinatura

Rio de Janeiro, _____ de _____ de 20__

_____   _____
Empregador   **Empregado**

Quadro 16
Demonstrativo de termo de adesão de voluntariado

TERMO DE ADESÃO DE VOLUNTARIADO PARA O PROJETO DE BIBLIOTECA COMUNITÁRIA

Objeto
Este termo objetiva a formalização da adesão de voluntários para trabalharem como atendentes na biblioteca comunitária.

Dados da instituição e do voluntário

Instituição:
Biblioteca Comunitária
CNPJ: 080.300.500-0001-00
Rua da Leitura, nº 47 — Pilares– RJ
CEP: 22800-020 — Tel.: 4589-1200

Voluntário:
Renata Maria Ferreira
CPF: 999.444.777-66
Rua do Leitor, nº 102 — Pilares — RJ
CEP: 22800-010 — Tel.: 4587-2258

Obrigações do voluntário
Receber os leitores, preencher as fichas de inscrição dos leitores, preencher os controles de empréstimos dos livros e manter a biblioteca sempre limpa e organizada.

Continua

Obrigações da instituição

Manter as condições necessárias para o bom desenvolvimento das funções do voluntário.

Vigência

Este termo de adesão vigorará por um ano, a partir da data de sua assinatura, podendo ser renovado por interesse de ambas as partes.

Benefício e expediente

O voluntário receberá o benefício de lanche no dia em que trabalhar na biblioteca por uma carga horária de quatro horas semanais.

Reajustes e rescisão

O reajuste de qualquer valor ou cláusula do termo de adesão, bem como sua rescisão, devem ser acordados entre ambas as partes.

Foro

Fica escolhido o foro da cidade do Rio de Janeiro para as questões não abordadas neste termo de adesão.

Assinatura

Rio de Janeiro, _____ de _____ de 20__

_____   _____
Instituição   **Voluntário**

O grupo decidiu que quinzenalmente seria marcada uma reunião para realizar a *avaliação de desempenho* de todos os participantes do projeto. Nesse processo, cada integrante realizará uma auto-avaliação do seu trabalho e o grupo também avaliará coletivamente o trabalho dos demais integrantes do projeto.

Ficou decidido que a biblioteca comunitária disponibilizaria aos usuários uma sala de leitura para até seis pessoas, visto que se previa que alguns estudantes poderiam sair das escolas do bairro e ir direto à biblioteca para fazer consultas a materiais no local, visando à resolução de suas tarefas escolares. Sabia-se que a demanda pela sala de leitura seria maior que a sua capacidade de oferta mas, em função do pouco espaço físico disponível, não seria possível construir um espaço maior.

Também ficou decidido que seria oferecido o serviço de reserva de livros, uma vez que a biblioteca possuía, na maioria dos casos, apenas um exemplar de cada livro e, no entanto, a procura por alguns deles poderia ser maior que a sua capacidade de oferta. Assim, em algumas ocasiões, poderia ocorrer que usuários fossem à biblioteca em busca de uma obra e não a encontrassem no local, pois esta já fora emprestada a um morador do bairro; para obtê-la, portanto, esses usuários deveriam solicitar a reserva do material. Decidiu-se, ainda, que a biblioteca ofereceria o serviço de fotocópias, visto que poderia ocorrer casos em que os usuários iriam à biblioteca, fariam consulta ao acervo no local e, uma vez encontrado o que desejavam, optariam por copiar o conteúdo em vez de levar o material para casa, respeitada a legislação de direitos autorais.

Para que o serviço de biblioteca fosse prestado adequadamente, o grupo chegou à conclusão de que esta deveria ter uma iluminação que permitisse aos usuários boas condições de leitura e, ao mesmo tempo, fosse econômica. Concluiu-se, ainda, que a biblioteca deveria ser bem arejada, para proporcionar conforto aos usuários, bem como para evitar mofo nos livros.

Em relação ao atendimento, o grupo chegou ao consenso de que as pessoas que trabalhariam na biblioteca e que teriam contato com o público deveriam ser bem-humoradas, pacientes, atenciosas, simpáticas e prestativas. Esses requisitos foram devidamente especificados no planejamento de recursos humanos da biblioteca, para o processo de seleção de pessoal. O grupo também concluiu que essas pessoas deveriam utilizar um uniforme e um crachá com o seu nome, para que fossem reconhecidas como prestadoras de serviços da biblioteca.

Para que a prestação dos serviços da biblioteca fosse de boa qualidade, o grupo comunitário responsável pelo projeto decidiu que se deveria cuidar do local onde esse serviço será prestado, bem como da maneira pela qual o serviço será disponibilizado ao público. Para tal, o grupo concluiu que, para prestar seus serviços, a biblioteca necessitaria dos seguintes equipamentos: estantes para a organização do material a ser consultado pelo público (livros, revistas etc.); uma mesa redonda com seis cadeiras para a sala de leitura; uma máquina de fotocópias.

Decidiu-se que os livros e revistas deveriam ser catalogados em fichas de controle, em que deverão constar: o código numérico de cadastro do livro/revista; o sobrenome do autor, seguido do nome; título do livro, editora e ano de publicação; área de conhecimento/assunto do livro (matemática, português, história, geografia); o número internacional padronizado para livros (ISBN).

Ficha catalográfica é uma ficha que contém as informações bibliográficas necessárias para localizar um livro. Ela é de papel resistente, mede 7,5 cm de altura por 12,5 cm de largura — dimensões padronizadas internacionalmente — e apresenta um orifício no centro da margem inferior, por onde é presa na gaveta do fichário quando arquivada. As margens são definidas de forma a facilitar a identificação dos dados.[7]

O material deverá ser arrumado nas prateleiras por código numérico de cadastro e por área de conhecimento/assunto (matemática, português, história, geografia). A reposição dos livros na estante é outra questão fundamental para o bom serviço da biblioteca.

Outro tema importante diz respeito ao controle de entradas e saídas do acervo da biblioteca. Devem ser registradas as datas de saída de um material das instalações da biblioteca por empréstimo ao usuário, bem como a sua previsão de devolução.

A administração de materiais da biblioteca comunitária — móveis, livros, canetas, equipamentos, material de limpeza etc. — busca controlar as perdas, as faltas, as compras e a guarda dos diversos materiais, evitando desperdícios e faltas. Para isso, utilizamos as seguintes fichas de controle: mapas de consumo, fichas de entrada/saída, inventário, fichas de empréstimo e de estoque, pedidos de compra e cadastro de fornecedores.

Nos *controles de materiais de consumo*, o coordenador, para facilitar a gestão da biblioteca, decidiu separar os materiais em duas categorias: material de escritório e material de limpeza (quadros 17 e 18).

Quadro 17
Demonstrativo de controle mensal de material de escritório

	1	2	3	4	5	6	...	25	26	27	28	29	30	Consumo
Lápis (unid.)	12	–	–	–	–	–		–	–	–	–	–	–	12
Canetas (unid.)	10	–	–	–	–	–		–	–	–	–	–	–	10
Grampos (caixa)	–	–	–	–	–	–		1	–	–	–	–	–	1
Fichas p/ usuários (unid.)	–	–	–	–	–	–		–	–	–	–	–	100	100
Fichas p/ livros (unid.)	100	–	–	–	–	–		–	–	–	–	–	–	100
Folhas (resmas)	–	–	–	–	–	1		1	–	–	–	–	–	2

---

[7] Existem softwares (programas de computador) que realizam a catalogação de livros, revistas etc. para bibliotecas.

Quadro 18
Demonstrativo de controle mensal de material de limpeza

	1	2	3	4	5	6	...	25	26	27	28	29	30	Consumo
Sabão (unid.)	10	–	–	–	–	–		–	–	–	–	–	–	10
Detergente (litro)	3	–	–	–	–	–		–	–	–	–	–	–	3
Desinfetante (litro)	6	–	–	–	–	–		–	–	–	–	–	–	6
Álcool (litro)	6	–	–	–	–	–		–	–	–	–	–	–	6
Bom Ar (unid.)	4	–	–	–	–	–		–	–	–	–	–	–	4

Os *materiais duráveis* da biblioteca também terão o mesmo tipo de tratamento, de acordo com o coordenador da biblioteca, ou seja, serão controlados por meio da ficha de controle de entrada de material durável, conforme o demonstrativo no quadro 19.

Quadro 19
Demonstrativo de controle de entrada de material durável

Levant. inicial (2 jan.)	Lista de material	Quant. comprada /recebida	Data entrada	Quant. comprada /recebida	Data entrada	Quant. comprada /recebida	Data entrada	Total de entradas no ano
4	Mesas	2	10/3	–	–	–	–	2
6	Cadeiras	4	10/3	4	20/6	–	–	8
6	Estantes	2	25/5	–	–	–	–	2
1	Fichários	–	–	–	–	–	–	–
3	Sofás	–	–	–	–	–	–	–
400	Livros	100	5/2	50	12/7	80	30/10	230
50	Revistas	10	10/2	20	8/5	30	20/11	60
20	DVDs	5	3/4	4	13/9	–	–	9
15	Fitas de vídeo	3	12/5	2	20/10	–	–	5
1	Computador	–	–	–	–	–	–	–
1	Impressora	–	–	–	–	–	–	–
1	DVD	–	–	–	–	–	–	–
1	Esterilizador	–	–	–	–	–	–	–

Eventualmente haverá livros inutilizados, revistas velhas para serem substituídas ou até mesmo algum móvel ou equipamento que se quebrou e tenha de ser substituído. Para esses casos, utilizamos a ficha de controle de saída de material durável (quadro 20).

Quadro 20
Demonstrativo de controle de saída de material durável

Lista de material	Quant. saída	Data saída	Quant. saída	Data entrada	Quant. saída	Data saída	Total de saídas no ano
Mesas	–	–	–	–	–	–	–
Cadeiras	1	10/6	1	20/12	–	–	2
Estantes	–	–	–	–	–	–	–
Fichários	–	–	–	–	–	–	–
Sofás	–	–	–	–	–	–	–
Livros	1	12/7	–	–	–	–	1
Revistas	5	10/4	10	23/7	20	20/12	35
DVDs	–	–	–	–	–	–	–
Fitas de vídeo	1	21/5	–	–	–	–	1
Computador	–	–	–	–	–	–	–
Impressora	–	–	–	–	–	–	–
DVD	–	–	–	–	–	–	–
Esterilizador	–	–	–	–	–	–	–

Em dezembro, todos os integrantes do grupo de trabalho da biblioteca comunitária realizarão o *inventário anual de materiais duráveis*, que é o somatório de todas as entradas ocorridas ao longo do ano, somados àqueles materiais que já existiam no levantamento inicial, menos as saídas. Esse inventário pode ser observado no demonstrativo apresentado no quadro 21.

Quadro 21
Demonstrativo do inventário anual de materiais duráveis

Lista de material	Quantidade levantamento inicial	Quantidade entrada	Quantidade saída	Material disponível ao final do ano
Mesas	4	2	–	6
Cadeiras	6	8	2	12

Continua

Lista de material	Quantidade levantamento inicial	Quantidade entrada	Quantidade saída	Material disponível ao final do ano
Estantes	6	2	–	8
Fichários	1	–	–	1
Sofás	3	–	–	3
Livros	400	230	1	629
Revistas	50	60	35	75
DVDs	20	9	–	29
Fitas de vídeo	15	5	1	19
Computador	1	–	–	1
Impressora	1	–	–	1
DVD	1	–	–	1
Esterilizador	1	–	–	1

No dia-a-dia de funcionamento da biblioteca, o controle de empréstimos de materiais é fundamental, pois por meio dele a administração controla os materiais didáticos emprestados — livros, revistas, DVDs, fitas de vídeo etc. Para tal, o grupo resolveu criar uma ficha específica para realizar esse controle, conforme o demonstrativo no quadro 22.

Quadro 22
Demonstrativo de controle de empréstimo de material

Usuário	Empréstimo				Devolução		
	Título/nº de catalogação	Tipo de material	Data saída	Atendente	Data devolução	Atendente	
João Machado	*Português para todos* (14509)	Livros	27/4	Renata Maria	12/5	Cleide Mota	
João Machado	*Globo Rural* (054)	Revistas	27/4	Renata Maria	30/4	Marilene Fernandes	
João Machado	*Captação de recursos* (245)	Fitas de vídeo	27/4	Renata Maria	4/5	Guilherme Ramos	

O controle de *estoque* na biblioteca comunitária, como a boa prática recomenda, ficou restrito aos materiais de consumo e o coordenador definiu com o grupo que faria o controle mensalmente, utilizando o demonstrativo mostrado no quadro 23.

Quadro 23
Demonstrativo de estoque de consumo
(material de escritório)

Material: canetas esferográficas Medida: unidade (u) Estoque inicial: 50			
Mês	**Aquisição**	**Consumo**	**Saldo**
Janeiro		10	40
Fevereiro		10	30
Março		15	15
Abril		10	5
Maio	30	12	23
Junho		10	13
Julho		11	2
Agosto	30	10	22
Setembro		10	12
Outubro		12	0
Novembro	30	10	20
Dezembro		10	10

Para os outros materiais de escritório — lápis, grampos, fichas, papéis —, procedemos da mesma maneira, abrindo uma ficha para cada item.

A fim de se evitar a *falta de material*, utilizamos a *margem de segurança*. Pelo controle de consumo, observa-se que são consumidas, em média, 10 canetas por mês. Assim, no mês de abril, quando o estoque registrava apenas cinco canetas, procedeu-se à nova compra para se manter a margem de segurança.

Com os controles de material de consumo e de estoque, podemos planejar nossas necessidades para os próximos seis meses. Por exemplo, em seis meses necessitaremos de cerca de 60 canetas.

Na reposição de material, é necessário fazer um *pedido de compra*. O coordenador vai ao comércio identificar quais são os potenciais fornecedores dos produtos necessários ao bom funcionamento da biblioteca, e verificar seus preços, prazos de pagamento e entrega. Após analisar todas essas atividades, ele realiza/emite um pedido de compra (quadro 24).

Quadro 24
Demonstrativo de pedido de compra

Material	Quantidade (kg, l, unidade etc.)	Preço unitário (R$) R$/l , R$ /unid.	Valor total (R$) (quantidade x preço)
Canetas esferográficas	10	0,90	9,00
Total	–	–	9,00
Loja: Papelaria Gentil			
Endereço: Rua da Freguesia, nº 18 — CEP: 22330-100			
Telefone: (21) 2554-4026			
Contato: Carmen			
Data: 22-10-2007			
Responsável pela compra: Gustavo Souza			
Responsável pelo pedido: Renata Maria			

Com base nas compras efetuadas mês a mês, o coordenador do projeto organizou um *cadastro de fornecedores* para facilitar futuras compras (quadro 25).

Quadro 25
Demonstrativo de cadastro de fornecedor

Cadastro de fornecedor
Razão social: Juliano Gentil Comércio Ltda. Nome fantasia: Papelaria Gentil Endereço: Rua da Freguesia, nº 18 — CEP: 22330-100 Cidade: Rio de Janeiro Telefone: ((21) 2554-4026 Contato: sra. Carmen Materiais fornecidos: papel, cadernos, lápis, canetas, fichários, grampeadores etc.

Para continuar viabilizando o funcionamento adequado da biblioteca comunitária, precisamos administrar os recursos financeiros que irão permitir a contratação de pessoal e a compra dos materiais necessários para o bom atendimento aos leitores.

O grupo decidiu que, para ser usuário da biblioteca e ter direito a empréstimo de livros, a pessoa teria de atender a alguns requisitos, entre os quais o pagamento de uma cota mensal. Entretanto, não havia sido decidido, ainda, o valor a ser cobrado para a adesão.

Após uma reunião para garantir o comprometimento dos usuários, o grupo decidiu que seria cobrado um valor simbólico de R$ 1,00 para ser associado da biblioteca comunitária, o que equivale a um valor total por usuário de R$ 12,00 ao ano.

O valor estipulado foi calculado com base na estimativa das despesas mensais da biblioteca, do poder aquisitivo da população local e do número esperado de usuários (cerca de 200).

Além disso, foi estipulado que o valor a ser cobrado pela fotocópia seria de R$ 0,15 por folha. Esse preço foi calculado com base: no custo de aluguel da máquina (R$ 250,00); no custo médio mensal de material para o uso do equipamento (R$ 100,00 para 6 mil cópias); no preço cobrado pelo mesmo serviço no bairro e adjacências (de R$ 0,15 a R$ 0,20 em média).

Assim, teríamos a estimativa de:

- produção: 6 mil cópias/mês;
- faturamento: 6 mil cópias x R$ 0,15 = R$ 900,00/mês;
- despesa com o equipamento: R$ 350,00 ao mês (aluguel + material).

Logo:

- receita na operação da fotocópia: R$ 900,00 − R$ 350,00 = R$ 550,00.

O primeiro passo adotado pelo coordenador foi elaborar um *orçamento*. Optou-se por um orçamento semestral (quadro 26).

Quadro 26
Demonstrativo do orçamento para o primeiro semestre

	Jan.	Fev.	Mar.	Abr.	Maio	Jun.
DESPESAS						
Pessoal	850	850	850	850	850	850
Encargos	350	350	350	350	350	350
Luz	50	50	50	50	50	50
Lanche	300	300	300	300	300	300
Material de consumo	250	250	250	250	250	250
Material da fotocopiadora	100	100	100	100	100	100

Continua

	Jan.	Fev.	Mar.	Abr.	Maio	Jun.
Uniforme	200	0	0	0	0	0
Aluguel da fotocopiadora	250	250	250	250	250	250
Total	2.350	2.150	2.150	2.150	2.150	2.150
RECEITAS						
Parceiro	1.500	1.500	1.500	1.500	1.500	1.500
Fotocopiadora	900	900	900	900	900	900
Cota mensal	0	20	40	100	150	200
Total	2.400	2.420	2.440	2.500	2.550	2.600
Saldo	50	270	290	350	400	450
Saldo acumulado	**50**	**320**	**610**	**960**	**1.360**	**1.810**

Obs.: Valores atribuídos em reais (R$).

Para fins da previsão dos gastos com pessoal, temos a memória de cálculo (quadro 27).

Quadro 27
Memória de cálculo

	Quantidade	Remuneração	Subtotal	Encargos*
Coordenador	1	424,88**	424,88	339,90
Estagiário	1	200,00	200,00	0
Recreadores	2	100,00	200,00	0
Total			**824,88**	**339,90**

* Considera-se o percentual de 80% para contratação com base na Consolidação das Leis do Trabalho (CLT).
** Referência: Salário mínimo do estado do Rio de Janeiro.
Obs.: A partir do mês de maio, estima-se um reajuste de 5% no salário mínimo estadual.

Elaborado e aprovado pela comunidade ou seus representantes no projeto, o orçamento deverá ter um acompanhamento, por parte do coordenador, das despesas e receitas de cada mês, que serão comparadas com o que foi previsto.

No dia-a-dia, as despesas e as receitas do projeto não são pagas ou recebidas na mesma data. Isso leva à necessidade de o coordenador da biblioteca comunitária controlar recursos, prever esses movimentos de entrada e saída de dinheiro, devendo, portanto, com certa antecedência, prevenir e ter recursos disponíveis para as despesas nas datas previstas. Em outras palavras, se o repasse do parceiro referente ao mês de janeiro de 2007 for feito no dia 30, somente após esse dia pode-se pagar as compras e efetuar os pagamentos em função do saldo disponível em caixa. Esse controle é apoiado pelo *fluxo de caixa* (quadro 28).

Quadro 28
Demonstrativo de fluxo de caixa do mês de maio

Dia	Saldo anterior	+ Receita	– Despesa	= Saldo fim do dia
1	960	30		990
2		30		1.020
3		30		1.050
4		0		1.050
5		30	850	230
6		30	50	210
7		30		240
8		30		270
9		30		300
10		180	350	130
11		0		130
12		30		160
13		30		190
14		30		220
15		40	350	–90
16		30		–60
17		30		–30
18		0		–30
19		30		0
20		30	250	–220
21		30		–190
22		30		–160
23		30		–130
24		30		–100
25		0		–100
26		40	300	–360

Continua

Dia	Saldo anterior	+ Receita	– Despesa	= Saldo fim do dia
27		30		–330
28		30		–300
29		30		–270
30		1.600		1.330
31		30		1.360

O *livro-caixa* é utilizado pelo coordenador para fazer os registros, de forma ordenada, dos movimentos de entrada e saída de dinheiro, que servirão para a prestação de contas futura (quadro 29).

Quadro 29
Demonstrativo do livro-caixa

Data	Histórico	Despesa	Receita	Saldo
1/4	Saldo acumulado do mês anterior			610
1/4	Receita da fotocopiadora		30	640
2/4	Receita da fotocopiadora		30	670
3/4	Receita da fotocopiadora		30	700
5/4	Receita da fotocopiadora		30	730
5/4	Pagamento de pessoal	850		–120
6/4	Pagamento da conta de luz	50		–170
6/4	Receita da fotocopiadora		30	–140
7/4	Receita da fotocopiadora		30	–110
8/4	Receita da fotocopiadora		30	–80
9/10	Receita da fotocopiadora		30	–50
10/4	Receita da fotocopiadora		30	–20
10/4	Material de consumo	250		–270
10/4	Material da copiadora	100		–370
10/4	Cota mensal		100	–270
12/4	Receita da fotocopiadora		30	–240
13/4	Receita da fotocopiadora		30	–210
14/4	Receita da fotocopiadora		30	–180
15/4	Receita da fotocopiadora		40	–140
15/4	Encargos	350		–490
16/4	Receita da fotocopiadora		30	–460
17/4	Receita da fotocopiadora		30	–430
19/4	Receita da fotocopiadora		30	–400
20/4	Receita da fotocopiadora		30	–370
20/4	Aluguel da fotocopiadora	250		–620

Continua

Data	Histórico	Despesa	Receita	Saldo
21/4	Receita da fotocopiadora		30	–590
22/4	Receita da fotocopiadora		30	–560
23/4	Receita da fotocopiadora		30	–530
24/4	Receita da fotocopiadora		30	–500
26/4	Receita da fotocopiadora		40	–460
26/4	Lanche	300		–760
27/4	Receita da fotocopiadora		30	–730
28/4	Receita da fotocopiadora		30	–700
29/4	Receita da fotocopiadora		30	–670
30/4	Receita da fotocopiadora		130	–540
30/4	Repasse da instituição XYZ		1.500	960
30/4	**Saldo do final do mês de abril**	**2.150**	**2.500**	**960**

Para calcular o saldo do mês de abril, somam-se as receitas de abril com o saldo do mês anterior e subtraem-se do total as despesas do mês de abril.

Por fim, faz-se a divulgação dos resultados financeiros do projeto, por meio de uma prestação de contas periódica, relacionando a origem dos recursos e como eles foram gastos. O quadro 30 apresenta um exemplo de prestação de contas.

Quadro 30
Exemplo genérico de uma prestação de contas do mês de abril

Total de receitas (R)	**2.500**
Instituição KYZ	1.500
Cota mensal	100
Fotocópias	900
Total de despesas (D)	**2.150**
Material de consumo	250
Material da copiadora	100
Luz	50
Pagamento de pessoal e encargos	1.200
Aluguel da copiadora	250
Lanche	300
Saldo = receita – despesas (2.500 – 2.150)	**350**
Saldo acumulado (610 + 350)	**960**

Capítulo 3

Avaliação de projetos comunitários

ADMINISTRAÇÃO	**ANÁLISE**	❑ O que é análise?
		❑ Por que analisar?
		❑ Quando analisar?
		❑ Quem deve analisar?
		❑ Como analisar?
		    ❑ Análise custo-benefício
		        ❑ relacionamento dos custos e dos benefícios
		        ❑ quantificação dos custos e dos benefícios
		        ❑ seleção de projetos
		❑ Dificuldades do processo de análise
		    ❑ limitações
		    ❑ efeitos externos
		    ❑ tempo/incerteza/risco

	ACOMPANHAMENTO	❑ O que é acompanhamento? ❑ Por que acompanhar? ❑ Quando acompanhar? ❑ Quem deve acompanhar? ❑ Como acompanhar? ❑ Dificuldades e limitações
	AVALIAÇÃO FINAL (ou de impacto)	❑ O que é avaliação final? ❑ Por que avaliar? ❑ Quando avaliar? ❑ Quem deve avaliar? ❑ Como avaliar? ❑ Dificuldades do processo de avaliação

Análise

Esta fase da avaliação de projetos comunitários será explicada de duas maneiras. A primeira esclarece a importância da análise para o desenvolvimento de um projeto comunitário e fornece à comunidade instrumentos para analisar seus projetos. A segunda visa dar informações sobre as maneiras pelas quais as agências financiadoras analisam projetos comunitários em vista do financiamento.

A preocupação básica da primeira abordagem de análise é assegurar que os recursos financeiros (dinheiro) existentes sejam suficientes para desenvolver totalmente o projeto planejado ou, ainda, identificar quais recursos serão necessários para que o projeto possa ser concluído. A análise poderá também ser desenvolvida para verificar a possibilidade de retorno das despesas realizadas.

O objetivo da segunda abordagem de análise é dar conhecimento e preparar as comunidades para solicitar os recursos às agências financiadoras. Essas agências têm critérios para comparar projetos de diferentes comunidades, selecionando aqueles que receberão os recursos. Dessa forma, é importante que as comunidades entendam como as agências financiadoras realizam as comparações, quais os critérios e formas usados, a fim de adequar suas solicitações.

Esta última forma de análise, desenvolvida pelas agências financiadoras, também poderá ser utilizada pelas comunidades. Por exemplo: quando a comunidade tiver muitos projetos a serem realizados e não possuir recursos suficientes para desenvolver todos ao mesmo tempo, poderá usar alguns critérios para definir quais os projetos que deverão ser implementados em primeiro lugar.

O que é análise?

Análise, dentro do tema avaliação de projetos comunitários, é um conjunto de atividades que tem por objetivo principal avaliar previamente o projeto que se pretende implantar, permitindo que a comunidade verifique, antes mesmo de começar a desenvolver um determinado projeto, se será possível realizá-lo totalmente, tendo como ponto de partida o que foi inicialmente planejado.

A análise é a primeira fase do processo de avaliação de projetos, antecedendo as fases de acompanhamento e avaliação final. A análise auxilia e orienta as outras duas fases do processo de avaliação, além de permitir à comunidade um maior conhecimento do projeto que será realizado, gerando informações específicas para o seu melhor desenvolvimento, de acordo com os objetivos previamente estabelecidos.

Figura 9
Processo de avaliação de projetos

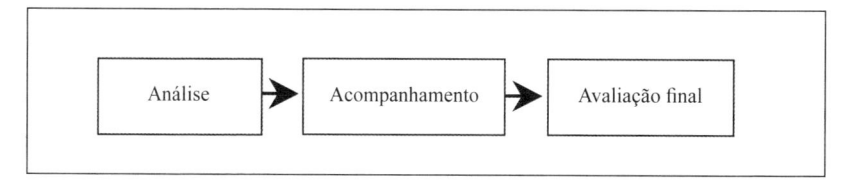

```
Análise → Acompanhamento → Avaliação final
```

É importante ressaltar que, além de verificar a viabilidade do projeto, a análise indica, em função dos objetivos previamente estabelecidos, as variáveis que deverão ser acompanhadas e devidamente avaliadas. Somente com a definição antecipada dos indicadores a serem avaliados, ou seja, com a determinação destes antes do início da execução do projeto, é que se pode, durante esse momento, coletar os dados e as informações necessárias que formarão tais indicadores. No item referente ao acompanhamento, serão feitas considerações sobre a definição desses indicadores que auxiliarão o processo de avaliação.

Por que analisar?

O principal motivo para realizar a análise do projeto que se pretende executar é a necessidade de identificação prévia da viabilidade de se concluir integralmente o que foi inicialmente planejado. Evita-se, assim, que o projeto tenha de ser interrompido antes mesmo de ser concluído e que haja, portanto, desperdício de recursos. A partir da identificação dos motivos que poderão, eventualmente, impedir a plena execução do projeto, a comunidade estará em condições de promover as modificações necessárias para resolver os problemas identificados. Dessa forma, o projeto poderá ser desenvolvido sem interrupções.

Outra vantagem da análise é a identificação das necessidades de recursos para o desenvolvimento integral de um determinado projeto, facilitando, assim, a solicitação de recursos a qualquer instituição financiadora que esteja interessada em colaborar com a comunidade. Após a realização da análise, será maior a certeza de que o referido apoio poderá, efetivamente, permitir tanto concluir o projeto quanto atingir os objetivos qualitativos e quantitativos inicialmente desejados.

A análise desenvolvida pela comunidade irá contribuir com várias informações necessárias à avaliação a ser promovida pela agência financiadora, explicitando os objetivos a serem alcançados e facilitando o processo de análise por parte dessas agências. Caso as agências financiadoras privilegiem algum segmento ou algum objetivo específico, como, por exemplo, ajuda às comunidades rurais ou execução de projetos de saneamento básico, as comunidades deverão estar devidamente preparadas no momento de solicitar recursos a essas agências, atendendo a algumas exigências ou parâmetros, o que facilitará a obtenção de tais recursos.

Quando analisar?

A análise deverá ser desenvolvida após a conclusão da elaboração do projeto e antes da sua execução. Ela deverá ser feita após a elaboração do projeto porque a definição dos objetivos a serem alcançados e as suas demais características são informações necessárias para a realização da análise. E antes da execução, em função da necessidade de se verificar se o referido projeto poderá ser integralmente concluído, alcançando os objetivos previamente estabelecidos.

Para que se possa promover a análise de qualquer projeto comunitário, é necessário que ele esteja totalmente planejado, tanto em termos quantitativos quanto em termos qualitativos, fornecendo, assim, as informações necessárias à sua avaliação prévia.

No processo de avaliação de projetos, a análise é desenvolvida antes do acompanhamento e da avaliação final, definindo os parâmetros que deverão ser observados nessas duas fases do processo.

Quem deve analisar?

A análise deverá ser, inicialmente, desenvolvida pela própria comunidade, permitindo que os seus integrantes se preparem antecipadamente para os obstáculos que o projeto terá de enfrentar. Só se deve iniciar a execução de um projeto quando houver a certeza de que poderá ser totalmente concluído, isto é, ter a garantia de que os recursos necessários para a conclusão total estarão disponíveis nas épocas determinadas e de que os objetivos previamente estabelecidos serão alcançados.

Caso a comunidade necessite de recursos adicionais para que o projeto seja desenvolvido, ela poderá solicitar a ajuda de agências financiadoras. Estas também promoverão uma análise do projeto. Os parâmetros que serão adotados pela agência financiadora, para a realização da sua avaliação, provavelmente não serão os mesmos adotados pela comunidade, já que a referida agência estará promovendo, também, uma comparação entre diversos projetos, a fim de selecionar quais receberão os auxílios. Isso ocorre, como já foi dito, em função da limitação de recursos existentes. O projeto deverá estar preparado para concorrer com outros projetos na busca de recursos das agências de financiamento. Caso a comunidade ainda não se ache em condições de promover a análise de seus projetos, poderá recorrer a técnicos especializados das próprias agências de financiamento, inclusive para ajudar na preparação de pedidos de recursos. É fundamental que os representantes da própria comunidade acompanhem de perto o trabalho realizado por entidades ou profissionais externos, no sentido de entender o que está sendo realizado e também de poder desenvolver, sem ajuda externa, suas futuras avaliações dos projetos e as eventuais solicitações de recursos às agências de financiamento. A comunidade deve caminhar sempre em direção à sua emancipação, ou seja, deve aprender a conduzir os seus projetos sem ajuda externa.

Como analisar?

Agora que já explicitamos o que vem a ser análise no processo de avaliação de projetos, vamos concentrar-nos na apresentação de uma das técnicas de avaliação prévia de projetos comunitários.

A técnica que será apresentada e detalhada, em seguida, denomina-se análise custo-benefício e serve para a realização da análise tanto da ótica privada, em que se espera obter algum lucro com a realização de determinado projeto, quanto da ótica social, em que o aspecto do lucro não é privilegiado, sendo necessário, portanto, algumas adaptações no método para que se possa utilizá-lo para avaliar projetos comunitários.

A análise custo-benefício será apresentada de maneira genérica, já que a nossa preocupação está centrada, especificamente, na análise de projetos comunitários. No final deste capítulo, será apresentado um exemplo completo de avaliação de projeto comunitário, facilitando, assim, a compreensão e aplicação dos conceitos apresentados.

Análise custo-benefício

A análise custo-benefício, de uma maneira geral, vem a ser uma técnica de avaliação de projetos no sentido de se preverem os resultados da execução de determinado projeto. Essa técnica permite decidir se este deve ou não ser realizado, bem como promover a comparação entre diversos projetos concorrentes, ou seja, verificar quais são os melhores (se uma creche, um posto de saúde, uma escola, uma biblioteca, uma horta orgânica etc.) em função de algum(ns) critério(s) estabelecido(s).

É importante lembrar que tal análise sempre é feita em função do(s) objetivo(s) que se pretende alcançar e das limitações que se apresentam.

Essa técnica foi originalmente desenvolvida e aperfeiçoada na ótica privada. O empresário, após estabelecer o que deseja como lucro para seu investimento (projeto), promove o estudo de sua viabilidade. Só depois de confirmada essa condição (lucro), por meio da análise custo-benefício, é que o empresário toma a decisão de promover tal investimento.

Da ótica comunitária, os procedimentos para a avaliação prévia dos resultados a serem alcançados por um determinado projeto são idênticos aos utilizados na ótica privada; no entanto, a obtenção de lucro não é prioritária, mas sim o atendimento de alguma necessidade da comunidade.

Para que se possa entender a aplicação da análise custo-benefício na ótica comunitária, vamos apresentar os conceitos genéricos desse método, destacando os pontos específicos e as adaptações necessárias para que se possa utilizar tal procedimento na avaliação de projetos comunitários.

Os passos da análise custo-benefício são: o relacionamento dos custos e dos benefícios; a quantificação dos custos e dos benefícios; a seleção de projetos.

O primeiro passo para desenvolver a análise custo-benefício, na ótica comunitária, é a indicação clara do(s) objetivo(s) que a comunidade deseja alcançar com determinado projeto, por meio de algumas formas de se relacionarem os custos (C) e os benefícios (B) desse projeto (relacionamento dos custos e dos benefícios).

O segundo passo será a determinação de todos os custos (C) e benefícios (B) importantes para o projeto, podendo os benefícios serem expressos tanto sob a forma de dinheiro quanto sob a forma de resultados qualitativos ou comunitários (quantificação dos custos e dos benefícios).

O terceiro e último passo será a determinação do(s) valor(es) quantitativo(s) ou qualitativo(s), da forma escolhida para se relacionarem os custos (C) e benefícios (B) de cada projeto, permitindo a avaliação de cada um em função de algum parâmetro e ordená-los em função de algum critério (seleção de projetos).

RELACIONAMENTO DOS CUSTOS E DOS BENEFÍCIOS

Quatro são as maneiras de se relacionarem os custos (C) e os benefícios (B) de um projeto, a fim de que se possa promover a sua análise (as quatro fórmulas serão detalhadas mais adiante):

- maximizar o benefício líquido (B – C) do projeto;
- maximizar a razão benefício/custo (B/C) do projeto;
- maximizar os benefícios (B) do projeto, sujeitos a uma restrição de custos (C);
- minimizar os custos (C) do projeto, para que se possa alcançar um determinado benefício (B).

Uma primeira e fundamental observação sobre essas quatro possibilidades ou fórmulas de se relacionarem os benefícios e os custos de um projeto é que, para se utilizar as fórmulas (1) e (2), torna-se necessário trabalhar com uma mesma medida (na linguagem técnica, chama-se unidade), que geralmente é o dinheiro. Já as fórmulas (3) e (4) não exigem que os benefícios e os custos sejam medidos (quantificados) em dinheiro.

- Primeira fórmula de relacionar custos e benefícios

Na fórmula (1) — maximizar o benefício líquido (B – C) —, escolhe-se o projeto que apresentar o maior resultado líquido (B – C). Isto é, o que se privilegia é a escolha do projeto que apresentar o maior lucro (lucro = B – C). Portanto, quando se utiliza a fórmula (1), espera-se que os benefícios (B) de um projeto sejam sempre maiores (>) do que os custos (C) necessários para executá-lo (B > C), a fim de que o projeto possa gerar algum lucro. Esta maneira de se relacionar benefícios e custos é a normalmente utilizada pela iniciativa privada no momento da execução de algum investimento (projeto), já que a empresa só deverá executá-lo se este gerar algum lucro, ou seja, só irá realizar um investimento (C) se o resultado desse investimento (B) for superior aos custos da sua implantação (B > C).

A comunidade também poderá utilizar essa fórmula para analisar seus projetos, desde que tenha como objetivo a geração de lucro em benefício próprio. Portanto, caso se tenha condições de desenvolver algum projeto que possa gerar lucro, este deve servir para o atendimento de algumas das suas demandas sociais. E só deverá realizá-lo se os benefícios (B) gerados pelo projeto forem superiores aos seus custos (C), não devendo, portanto, realizar um projeto que dê prejuízo (B < C), ou seja, no qual os benefícios (B) sejam menores (<) do que os custos (C). Caso exista mais de um projeto com esse objetivo, a comunidade deverá escolher o projeto que produzir o maior lucro, isto é, maximizar o benefício líquido (B – C).

❑ Segunda fórmula de relacionar custos e benefícios

A fórmula (2) — maximizar a razão benefício/custo (B/C) — representa um indicador de rentabilidade de cada projeto analisado. Isto é, determina a produtividade do benefício (B) a ser produzido por um projeto em função dos custos (C) necessários para realizá-lo. Esta fórmula (2) é muito parecida com a fórmula (1), pois o que se espera é que o resultado da relação benefício/custo (B/C) seja sempre maior (>) do que 1 (B/C > 1), ou seja, que o benefício seja maior (>) do que os custos (B > C), exatamente como na fórmula (1). Entretanto, enquanto a fórmula (1) não reflete uma preocupação maior com os custos (C), já que qualquer resultado positivo do benefício líquido (B – C) faz com que o projeto seja aceito, a fórmula (2) indica, além da existência de benefício líquido (B > C), a rentabilidade de cada projeto. Dessa forma, a fórmula (2) facilita a ordenação dos melhores projetos quando houver limitação de recursos (C).

QUANTIFICAÇÃO DOS CUSTOS E DOS BENEFÍCIOS

O próximo passo da análise custo-benefício deverá ser a determinação de todos os custos (C) e benefícios (B) relevantes de cada projeto.

Esse passo será realizado a partir dos seguintes instrumentos, alguns já vistos anteriormente:

❑ orçamento detalhado (capítulo 1);

❑ programação das atividades (capítulo 1);

❑ fluxo de caixa (capítulo 3);

❑ cronograma físico-financeiro.

O cronograma físico-financeiro, único instrumento ainda não visto, é desenvolvido a partir das informações contidas tanto no orçamento detalhado quanto na programação das atividades, e a sua função básica é a identificação, ao longo do tempo, das necessidades de recursos para a execução de determinado projeto.

Como já visto, o orçamento detalhado fornecerá as informações referentes às quantidades de insumos (material, mão-de-obra, serviços, equipamentos etc.), bem como os seus preços. A programação das atividades fornecerá as informações referentes às épocas em que cada insumo deverá ser devidamente comprado ou utilizado, e, conseqüentemente, determinará os montantes de recursos necessários ao longo do tempo, ou seja, as necessidades de recursos por semana, ou por mês, que serão gastos para a realização do projeto.

Portanto, por meio do cronograma físico-financeiro, a comunidade terá condições de saber, ao longo de todo o projeto, as necessidades totais de recursos em cada semana ou em cada mês, podendo, então, preparar-se para conseguir esses recursos nas datas previstas. Essas informações das necessidades de recursos ao longo do projeto são também fundamentais para as agências de financiamento, já que estas, caso venham a colaborar com recursos, só farão os desembolsos prometidos em função do seu desenvolvimento, isto é, do cumprimento do cronograma físico-financeiro estabelecido.

Na análise custo-benefício, pela definição do fluxo de caixa do projeto, em que estarão definidos todos os custos (C) e benefícios (B) relevantes, bem como as datas efetivas dos pagamentos que deverão ser realizados, resta, então, a promoção do terceiro e último passos da análise, qual seja, a determinação do(s) valor(es) da forma escolhida para se relacionarem os custos (C) e os benefícios (B) do(s) projeto(s). Isso permitirá, então, que se faça uma avaliação prévia em função de algum parâmetro e que o projeto seja ordenado comparativamente a outros, em função de algum critério como, por exemplo, uma restrição de custo (C) para a fórmula (3), ou a obtenção de um determinado benefício (B) para a fórmula (4).

SELEÇÃO DE PROJETOS

Antes de passarmos para as fórmulas (3) e (4), vamos dar um exemplo da utilização das fórmulas (1) e (2) no processo de análise.

Vamos imaginar a existência de seis projetos, conforme o quadro 31, onde estão representados os benefícios (B) e os custos (C) de cada projeto, e vamos promover a análise e comparação dos seis por meio da fórmula (1), maximização dos benefícios líquidos (B – C), e da fórmula (2), maximização da razão benefício/custo (B/C), sem que haja restrição orçamentária. No quadro 32, veremos um caso em que há restrição orçamentária.

A primeira constatação que se pode fazer, analisando os resultados do quadro 31, é que o projeto T deve ser rejeitado, tanto por meio da fórmula (1), como da fórmula (2). Pela fórmula (1), porque os benefícios (B) são inferiores aos custos (C), gerando um prejuízo (– R$ 500). Pela fórmula (2), porque a razão entre os benefícios (B) e os custos (C) é menor do que 1 (B/C < 1).

Quadro 31
Seleção de projetos (sem restrição orçamentária)

Projetos	(B) R$	(C) R$	Fórmula (1) Max. (B/C)		Fórmula (2) Max. (B/C)	
			(B/C) R$	Classificação	(B/C) R$	Classificação
X	1.000	500	500	5º	2	5º
Y	5.000	1.000	4.000	1º	5	2º
Z	2.000	500	1.500	4º	4	3º
R	3.000	1.000	2.000	3º	3	4º
S	3.000	500	2.500	2º	6	1º
T	2.000	2.500	−500	–	0,8	–

Após a determinação dos valores das formas de se relacionarem os custos (C) e benefícios (B), pelas fórmulas (1) e (2), promove-se a devida classificação, ou seja, ordenam-se os projetos em função dos objetivos a serem alcançados, a fim de que se possa promover a seleção dos melhores.

Dependendo da fórmula que se defina, teremos as classificações mostradas no quadro 32.

Quadro 32
Classificação de projetos (fórmulas 1 e 2)

Fórmula	Classificação				
	1º	2º	3º	4º	5º
(1) Max. (B/C)	Y	S	R	Z	X
(2) Max. (B/C)	S	Y	Z	R	X

Pode-se perceber, no quadro 31, que, dependendo da escolha da fórmula utilizada, as ordenações de preferência na escolha dos melhores projetos não são idênticas. Se adotarmos a fórmula (1), o projeto preferido seria o Y, pois apresenta o maior benefício líquido ([B − C] = R$ 4.000); já se adotarmos a fórmula (2), o projeto preferido seria o S, pois apresenta a maior relação benefício/custo (B/C = 6).

Agora, vamos promover a avaliação desses mesmos projetos, estipulando uma restrição orçamentária, ou seja, definindo em cada uma das fórmulas (1 e 2) qual o melhor grupo de projetos em função de um orçamento fixo de R$ 2.000.

Nesse caso, teremos de achar a melhor combinação de projetos que não ultrapasse o orçamento fixo de R$ 2.000, ou seja, vamos determinar os valores dos benefícios líquidos (B – C) e das razões benefício/custo (B/C) dos grupos de projetos que atendam à restrição existente, e escolher o melhor grupo que maximize o benefício líquido (fórmula 1) e que maximize a razão benefício/custo (fórmula 2). Esses resultados estão apresentados no quadro 33.

Quadro 33
Seleção de projetos (com restrição orçamentária)

Projetos	(B) R$	(C) R$	Fórmula (1) Max. (B/C)		Fórmula (2) Max. (B/C)	
			(B/C)		(B/C)	
			R$	Classificação	R$	Classificação
X+Y+Z	8.000	2.000	6.000	3º/4º	4	3º/4º
X+Z+R	6.000	2.000	4.000	6º	3	6º
X+R+S	7.000	2.000	5.000	5º	3,5	5º
X+Z+S	9.000	2.000	7.000	2º	4,5	2º
Y+Z+S	10.000	2.000	8.000	1º	5	1º
Z+R+S	8.000	2.000	6.000	3º/4º	4	3º/4º

Pode-se perceber que a melhor combinação de projetos, atendendo à restrição orçamentária (C = R$ 2.000), vem a ser a execução dos projetos Y, Z e S, pois esse grupo de projetos maximiza tanto o benefício líquido (B – C) quanto a razão benefício/custo (B/C).

❑ Terceira fórmula de relacionar custo e benefício

A fórmula (3) — maximizar os benefícios (B) sujeitos a uma restrição de custos (C) — é um dos modelos que mais se enquadra na realidade dos projetos comunitários, pois se refere ao desenvolvimento de projetos cujo objetivo explicitado seria alcançar determinado benefício (B), geralmente não-monetário, por meio de um orçamento fixo e determinado (C).

Portanto, se compararmos diversos projetos comunitários cujos objetivos sejam conseguir determinado benefício (B), por meio de uma limitação de recursos (C), o projeto que deverá ser escolhido será o que produzir o maior benefício (B) para um mesmo orçamento dado (C). Exemplificando: se o objetivo da comunidade for a produção de 10 mil hortaliças por ano por meio de uma horta orgânica (B), e tivermos um determinado orçamento para o seu desenvolvimento (C), o melhor projeto será o que, por exemplo, conseguir produzir o maior número de hortaliças num determinado período de tempo. Percebe-se, pela fórmula (3), que não há necessidade de o benefício (B) ser expresso em unidades monetárias.

Ainda pela fórmula (3), porém tendo tanto os custos quanto os benefícios expressos em unidades monetárias, o raciocínio será idêntico ao adotado anteriormente, ou seja, para um mesmo custo (C) o projeto a ser escolhido será o que apresentar o maior benefício (B), conforme o exemplo no quadro 34.

Quadro 34
Classificação de projetos (fórmula 3)

Projetos	(B) R$	Fórmula (3)
		Max. B, sujeito à restrição de C
		Classificação
X	1.000	3º
Z	2.000	2º
S	3.000	1º

❑ Quarta fórmula de relacionar custo e benefício

A fórmula (4) — minimizar os custos (C) para a obtenção de um determinado benefício (B) — também se enquadra perfeitamente na avaliação prévia de projetos comunitários. Ela refere-se ao desenvolvimento de projetos concorrentes para se conseguir um determinado benefício (B), e será escolhido aquele que consiga alcançar o mesmo benefício (B) com o menor custo (C). Exemplificando: o benefício a ser alcançado seria a execução de uma horta orgânica que produzisse 10 mil hortaliças por ano (B); portanto, entre todos os projetos a serem desenvolvidos para se alcançar tal benefício, o que apresentasse o menor orçamento (C) seria o escolhido. Percebe-se, também nesse caso, que o benefício (B) não precisou ser expresso em unidades monetárias.

Ainda pela fórmula (4), porém tendo tanto os custos quanto os benefícios expressos em unidades monetárias, o raciocínio será idêntico ao adotado anteriormente, ou seja, para a obtenção de um determinado benefício (B) o projeto que deverá ser escolhido será o que apresentar o menor custo (C), conforme o exemplo apresentado no quadro 35.

Quadro 35
Classificação de projetos (fórmula 4)

Projetos	(B) R$	(C) R$	Fórmula (4)
			Max. B, sujeito à restrição de C
			Classificação
R	3.000	1.000	2º
S	3.000	500	1º

Dificuldades do processo de análise

A execução de um processo de análise apresenta algumas dificuldades específicas. O que mais prejudica esse processo é a forma com que ele geralmente é encarado pelos responsáveis por sua condução.

A análise geralmente é vista como uma ação isolada, à parte do desenvolvimento do projeto. A proposta é que a análise passe a ser vista como parte integrante de um processo maior, o processo de avaliação de projetos. Como já foi dito, a análise, além de fornecer legitimidade ao que deverá ser executado, estabelece, em função dos objetivos que se pretende alcançar, os itens que deverão ser devidamente acompanhados, fornecendo, assim, subsídios para a avaliação final.

Limitações

A primeira dificuldade no desenvolvimento de qualquer projeto reside nas limitações que se apresentam para o seu pleno desenvolvimento, ou seja, só se poderá realizar qualquer projeto se não houver restrições que impeçam a sua execução.

A maioria das limitações para a realização de qualquer projeto deve ser identificada no momento da sua elaboração, adequando-o às reais possibilidades de sua execução. Entretanto, algumas limitações podem surgir durante a análise, como veremos em seguida.

As limitações podem ser de diversas naturezas: físicas, legais, administrativas, políticas, sociais e religiosas, orçamentárias, entre outras.

No caso de limitação física, poderíamos citar, como exemplo, querer construir uma horta orgânica de 50 m^2 para plantar mil pés de hortaliças, o que seria impossível. Faz-se, portanto, necessário uma adequação do projeto às possibilidades existentes, ou seja, só produzir, nos 50 m^2, por exemplo, 100 pés de hortaliças.

Um exemplo de limitação legal seria querer construir uma horta orgânica em desacordo com as especificações dos órgãos competentes no assunto, sendo, portanto, necessário a sua adequação às exigências legais de construção desse tipo de projeto.

É um caso de limitação administrativa querer realizar uma horta sem que haja a possibilidade de se contratar profissionais especializados para fazer com que esta cumpra a sua finalidade.

Um exemplo de limitação política seria uma comunidade buscar recursos, por meio de uma agência financiadora, para o desenvolvimento de uma horta orgânica, quando a política de todas as agências financiadoras não privilegia esse tipo de projeto.

Como exemplo de limitação social, poderíamos citar um projeto que só beneficiasse uma pequena parte da comunidade em detrimento da maioria, sendo, portanto, impossível conseguir o apoio da comunidade para a sua execução.

Todas as limitações expostas anteriormente poderiam ser identificadas ainda na elaboração do projeto, de modo a poder contorná-las.

A limitação orçamentária é uma realidade, principalmente para o desenvolvimento de projetos comunitários, razão pela qual a análise a ser promovida deve fornecer-nos mais elementos para uma precisa avaliação de sua execução. A utilização da fórmula (3) explicita claramente uma limitação orçamentária.

Efeitos externos

Outro tipo de dificuldade que se apresenta, quando se realiza o processo de análise, é a identificação e a consideração dos efeitos externos provocados por um determinado projeto. Esses efeitos externos poderão ser positivos ou negativos. Por exemplo: se um determinado projeto estiver provocando a poluição de um rio, estará produzindo um efeito externo negativo. A realização de uma horta orgânica num terreno baldio da comunidade, além de estar atendendo ao objetivo de gerar trabalho, renda e auto-sustento, por meio do plantio e venda de produtos orgânicos, estará, também, produzindo um efeito externo positivo, qual seja, a melhora do visual da própria comunidade.

A grande dificuldade de se lidar com os efeitos externos, tanto os positivos quanto os negativos, de um determinado projeto está em sua contabilização no processo de desenvolvimento da análise. Se esses efeitos não puderem ser devidamente avaliados, em termos monetários, deverão ser pelo menos indicados, dando assim transparência ao processo, isto é, fazendo com que todos estejam conscientes de sua existência.

No caso de projetos comunitários, todos os efeitos externos positivos deverão ser mencionados no processo de análise, ajudando, assim, a captação de recursos junto às agências financiadoras, já que a comunidade estará concorrendo com outras comunidades para a obtenção de recursos, e esses efeitos externos poderão ajudar na análise que deverá ser realizada.

Tempo/incerteza/risco

Outro fator muito importante, tanto para a análise quanto para a própria execução de um projeto, é o tempo necessário para realizá-lo.

No caso da análise, ao promover projeções do que deverá ocorrer no futuro (avaliação prévia), quanto mais longo for o projeto que se pretenda analisar, mais incertezas teremos nas referidas projeções, e, conseqüentemente, mais risco estaremos correndo ao promover a sua análise.

Podemos citar, como exemplo da influência do tempo na análise de um projeto, as previsões que deverão ser realizadas em função da inflação. Podemos ter uma idéia da inflação daqui a dois ou três meses, porém dificilmente teremos condições de prever com exatidão a inflação daqui a dois anos. Portanto, quanto mais longo for o projeto a ser executado, mais risco estaremos correndo de errar nas previsões necessárias ao desenvolvimento da análise.

Acompanhamento

A segunda fase da avaliação de projetos é o acompanhamento. Para tanto, serão apresentadas, inicialmente, algumas definições de acompanhamento, buscando relacioná-las à prática de projetos comunitários. Em seguida, serão ressaltadas sua importância, oportunidade e momento de realização, além de quem deve executá-lo e quais as formas de execução. Por fim, serão discutidas algumas de suas dificuldades e limitações.

O que é acompanhamento?

O acompanhamento pode ser entendido como a etapa da avaliação do projeto que levanta dados durante a execução, permitindo uma comparação simultânea com os padrões definidos. Cabe ressaltar que esses padrões geralmente são preestabelecidos nas fases de elaboração ou análise. O acompanhamento procura verificar as ações e medir desempenhos, com a finalidade básica de auxiliar a tomada de decisão e corrigir eventuais desvios na programação, durante a execução do projeto, assegurando que os objetivos estabelecidos sejam alcançados.

Além de ser uma atividade contínua e dinâmica, o acompanhamento se entrelaça com as etapas de análise e avaliação final, na medida em que visa apoiar a implementação de um projeto, identificando desvios entre a execução das ações e a programação estabelecida.

É importante atentar para o fato de que não existe um modelo único de acompanhamento. O que ocorre é que em cada projeto os responsáveis por esse processo devem estabelecer quais os pontos mais relevantes.

De maneira geral, o acompanhamento pode ser descrito como um processo que reúne as seguintes fases: planejamento; coleta e registro dos dados; comparação e interpretação; produção de novas informações.

Planejamento

Planejar o acompanhamento significa escolher os dados e as informações que serão coletados. Durante a execução de um projeto, podem-se coletar inúmeras informações, porém cabe selecionar as mais pertinentes, isto é, as que fornecem respostas às questões. Nem todas as informações podem ser coletadas, seja por restrição de ordem técnica ou de custos. Assim, no planejamento, determinam-se as informações relevantes e passíveis de serem operacionalizadas. Deve-se ressaltar que o bom acompanhamento se faz principalmente respondendo às questões básicas que indicam a correção na execução das ações planejadas. Estamos no caminho certo? É isso que planejamos fazer? Esta é a melhor maneira de fazer?

Coleta e registro dos dados

Esta é uma etapa fundamental do acompanhamento, para interpretar e saber objetivamente se a execução do projeto está conforme o planejado. Nesse momento, é possível sintetizar a percepção dos executores do projeto sobre o desenvolvimento deste, de uma forma objetiva. Fala-se em objetividade porque os executores têm uma percepção subjetiva do andamento do projeto, mas é necessário indícios, referências e comprovações da correção de suas ações. Nessa etapa, são utilizados os instrumentos de coleta de dados, como observação sistemática, registro das atividades em planilhas e relatórios, atas de reuniões, estatísticas de serviço etc. Os dados serão classificados e categorizados, constituindo as informações do projeto, de tal maneira que permitam comparar os resultados parciais com os padrões preestabelecidos. Padrões são características das ações e eventos, como intensidade, duração, qualidade etc., consideradas desejáveis. Por exemplo, em um projeto comunitário de construção de uma horta orgânica, em regime de mutirão, espera-se que 100% da comunidade ou toda esta participe das atividades. Esse seria o padrão. Se durante a execução do projeto os dados coletados revelarem que só a metade da população está participando, os executores do projeto deverão tomar medidas corretivas para alcançar o padrão.

Comparação e interpretação

Na comparação, confronta-se o que foi previsto com o que está sendo realizado no projeto, por meio dos dados e informações coletados na etapa anterior. A interpretação é o julgamento dos fatos de acordo com os padrões ou valores estabelecidos anteriormente e compartilhados com os demais envolvidos no projeto. Por exemplo, o desejável é que todas as pessoas da comunidade participem do mutirão para construção da horta orgânica, mas, se a comunidade resolver que os estudantes não devem faltar às aulas ou prejudicar suas horas de estudo e lazer, o novo padrão deverá considerar essa opinião.

Na realidade, a interpretação é produto da observação atenta de toda a execução do projeto, pois não basta ao responsável pelo acompanhamento coletar, registrar e comparar se não estabelecer um julgamento dos fatos. Os dados isolados, sem conexão, podem ter pouco ou nenhum significado. Dados são os elementos isolados, obtidos da execução do projeto. Informações são conjuntos de dados de mesmas características ou origens, após terem sido reunidos e interpretados.

A interpretação das informações, em comparação com os padrões, permite aos executores do projeto saber se há desvios ou não com relação ao desempenho planejado, podendo tomar as decisões necessárias para eventuais correções. O desempenho pode ser alterado, ou diferir do previsto, em decorrência de fatos que não podem ser controlados ou previstos pelos executores do projeto, como, por exemplo, greves, modificações da lei, escassez de produtos no mercado, ou mesmo chuvas fortes, dilúvios, raios, trovões, explosões, catástrofes. Se esses desvios causarem alteração significativa, os executores do projeto devem rever o planejamento inicial.

Produção de novas informações

Os dados, uma vez coletados, registrados, comparados, observados e interpretados, são reunidos coerentemente, processados e transformados em informações, para a tomada de decisão sobre o projeto. Essas informações também serão utilizadas na avaliação final.

Na figura 10, é apresentado o fluxo simplificado do processo de acompanhamento e, na figura 11, o processo de produção de novas informações.

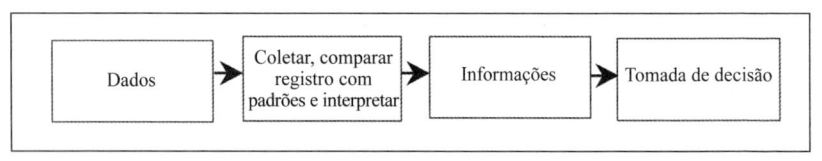

Figura 10
Fluxograma simplificado de acompanhamento

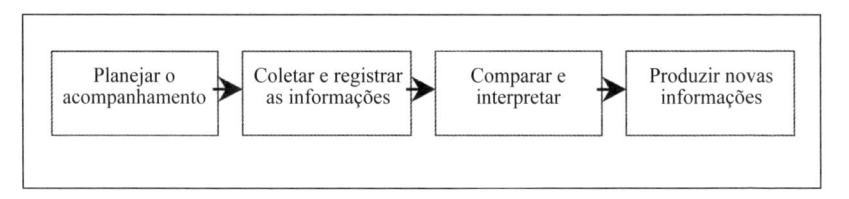

Planejar o acompanhamento → Coletar e registrar as informações → Comparar e interpretar → Produzir novas informações

Figura 11
Processo de produção de novas informações

Dados → Coletar, comparar registro com padrões e interpretar → Informações → Tomada de decisão

Por que acompanhar?

Quando se define o que é acompanhamento, de certa forma fica clara a importância dessa etapa. O acompanhamento é importante para a obtenção de informações objetivas que permitam saber se as ações que estão sendo executadas são as que foram planejadas.

Estabelece-se um sistema de acompanhamento para se ter a visão real e global da execução do projeto. Por meio da comparação entre o que foi inicialmente previsto e o efetivamente executado, pode-se observar se o projeto está no caminho certo, em busca das metas e objetivos programados. Simultaneamente, verifica-se o tempo quanto à racionalidade de distribuição e, sobretudo, quais são os desvios que estão ocorrendo, sua amplitude e dimensão, e as alternativas para corrigi-los.

É por meio do acompanhamento que se obtêm as informações sobre o andamento do projeto. Sem o acompanhamento, o trabalho de avaliação fica prejudicado, pois não se pode obter informações como, por exemplo, se o público-alvo está sendo bem atendido, se está satisfeito ou se estão surgindo problemas que não foram previstos na fase de análise.

Acompanhar é importante também para auxiliar a avaliação e determinar o desempenho do projeto comunitário, em termos de: resultados apresentados, problemas evidenciados e nível de satisfação dos beneficiados.

Quando acompanhar?

O acompanhamento é realizado logo após a análise e vai do início ao fim da execução do projeto. Nesse estágio de trabalho, quem acompanha já deverá dispor dos dados e informações previstos no projeto. Iniciada a execução, os executores vão coletando dados, registrando, comparando e interpretando as ações previstas com as realizadas.

Seria conveniente que o responsável pelo acompanhamento, caso não seja a mesma pessoa, também participasse da análise para ficar inteirado das informações básicas.

Quem deve acompanhar?

O acompanhamento pode ser dividido em interno e externo. O acompanhamento interno é realizado pelos executores do projeto e visa produzir informações sobre a execução das atividades. Essas informações podem ser administrativas (controle de pessoal, material, financeiro) e operacionais, que relacionam as atividades com os usuários dos bens ou serviços produzidos pelo projeto. Já o acompanhamento externo pode ser executado pelas partes interessadas no projeto que tenham acesso às informações do acompanhamento interno. Essas partes interessadas podem ser, por exemplo, as agências financiadoras, a comunidade local, entidades e instituições governamentais ou que tenham algum tipo de interesse no projeto.

O ideal seria treinar os agentes de acompanhamento interno de forma que não percam as oportunidades de observação, saibam levantar os dados necessários, sem perder os detalhes, fazer cálculos e realizar as interpretações.

A(s) pessoa(s) encarregada(s) desse trabalho deve(m) possuir um apurado sentido de percepção dos fatos que ocorrem no ambiente, além de iniciativa, criatividade, dinamismo e flexibilidade.

Como acompanhar?

O acompanhamento pode ter uma base quantitativa e/ou qualitativa. O acompanhamento quantitativo resulta de dados obtidos da administração e de estatísticas de serviço, compondo o que se chama de indicadores. Indicadores são todos os dados que podem ser tratados quantitativamente, como, por exemplo, número de pessoas trabalhando no projeto, número de faltas ao trabalho, metros quadrados ou lineares de construção, medida da produção de bens (quilos de hortaliças produzidas na horta orgânica). O acompanhamento qualitativo se baseia em opiniões, percepções e julgamentos das pessoas envolvidas com o projeto, que resultam nos fatores. Fatores são ocorrências e fatos percebidos pelas pessoas que, não podendo ser traduzidos em indicadores quantitativos, são igualmente importantes para o acompanhamento, uma vez que contribuem para a relevância do projeto. As ocorrências merecem tratamento qualitativo, mas, sempre que possível ou necessário, são utilizados dados quantitativos para comprovar as evidências e indícios, como, por exemplo: 100 pessoas da comunidade manifestaram sua satisfação em poder contar com a horta orgânica.

Os dados quantitativos são encontrados, por exemplo, no cronograma físico-financeiro, entre os quais serão considerados os seguintes: conjunto de atividades a realizar, as datas e os prazos estimados para a execução de cada atividade, e os custos financeiros de cada uma. As atividades são detalhadas cronologicamente na seqüência correspondente à execução do projeto.

Acompanhamento quantitativo: indicadores

No que se refere à base quantitativa do acompanhamento, os instrumentos mais usados são o cronograma físico-financeiro e o fluxo de caixa.

A partir dos instrumentos organizados na fase de análise, elabora-se o cronograma físico-financeiro da seguinte maneira:

- do *orçamento detalhado*, são extraídas as informações referentes ao custo total do projeto, as quantidades dos insumos (material, mão-de-obra, serviços etc.) necessários e os seus respectivos custos, para a completa execução de cada atividade;
- do *cronograma físico*, são consideradas as etapas de execução do projeto, bem como a ordem cronológica de execução. Ele permite identificar as quantidades utilizadas e, principalmente, em que momento (semana, mês etc.) estão disponíveis para atender a execução das atividades do projeto;
- do *orçamento físico-financeiro*, consideram-se as necessidades de recursos financeiros (dinheiro) para a execução do projeto, distribuídas ao longo do tempo. Ele fornece também as informações referentes às quantidades de insumos (material, mão-de-obra, serviços etc.), bem como os preços desses insumos.

A partir dessas informações, elabora-se o cronograma físico-financeiro, que reúne as informações referentes às épocas em que cada insumo foi comprado ou utilizado, possibilitando determinar qual a quantia de dinheiro gasta ao longo do tempo.

No fluxo de caixa, são consideradas e registradas, ao longo do tempo, as efetivas entradas e saídas de dinheiro, o momento em que se efetuaram, o que permite identificar os custos em cada semana ou mês de execução do projeto. Ele possibilita, ainda, saber se o projeto sofre com a escassez de recursos ou se há sobras. Se houver sobras, os executores do projeto devem tomar a decisão de como utilizá-las.

Essas informações ajudam a comunidade a quitar os compromissos assumidos para a realização do projeto. Informam às agências financiadoras, que estão auxiliando a comunidade, em que época devem enviar o dinheiro.

Esses dois instrumentos, o cronograma físico-financeiro e o fluxo de caixa, fornecem as informações quantitativas sobre o andamento do projeto, as dificuldades encontradas, os obstáculos a superar e os fatos não previstos na elaboração. Tudo deve ser registrado da forma mais clara possível para orientar a execução do projeto e, posteriormente, a avaliação final.

Não se deve esquecer de que os instrumentos apenas fornecem os dados quantitativos (dados numéricos) e que sua interpretação requer cuidado e atenção. Por exemplo, no cronograma físico-financeiro de um projeto para construção da horta orgânica, pode-se verificar que o cimento está com preço acima do previsto na elaboração. Dessa forma, deve-se verificar o que ocorreu: se houve uma estimativa errada, se há escassez do produto no mercado, se o(s) fornecedor(es) aumentou(aram) o preço em virtude de a entrega ser em local distante etc. A causa de o cimento ser mais caro deve ser devidamente registrada, para não se perder a informação e, posteriormente, auxiliar na avaliação final.

Acompanhamento qualitativo: fatores

Além do cronograma físico-financeiro e do fluxo de caixa, deve-se estabelecer outros tipos de acompanhamento que permitam registrar informações de natureza qualitativa do projeto: a ficha de registro de entrevistas e a ficha de registro de situações.

É importante destacar, na ficha de registro de entrevistas, as "intenções de análise" ou padrões, as "impressões do entrevistado" e a "avaliação" do avaliador:

- as "intenções de análise" ou padrões são extraídos da fase de análise ou são determinados no início do projeto;
- as "impressões do entrevistado" são um resumo do que este declarou, devendo haver coerência com os fatores qualitativos utilizados;
- a coluna de "avaliação" fica em branco, para ser preenchida pelo(s) avaliador(es).

A ficha de registro de situações é circunstancial, isto é, só será feita quando ocorrerem fatos significativos que mereçam registro. As duas primeiras colunas são preenchidas pelo responsável pelo acompanhamento, como segue:

- na coluna "previsão na análise", basta dizer se foi ou não prevista;
- na coluna "conseqüência no acompanhamento", deve-se informar que modificações foram observadas;
- na coluna "resultado de avaliação", o(s) avaliador(es) apresentará(ão) suas impressões.

Ficha 30
Exemplo de ficha de registro de entrevistas da horta orgânica

Nome do entrevistado: José da Silva Data: 4-5-2007 Local: Comunidade Alfa Endereço: Rua das Flores, nº 15 — Comunidade Alfa — RJ		
Intenções da análise	**Impressões do entrevistado**	**Avaliação**
Melhorar a qualidade das hortaliças produzidas	Satisfação maior que antes	Resultado positivo
Escolha do local da horta	Participação: sim Solidariedade: geral Convivência: diária	Resultado altamente positivo
Colaboração de outras instituições	Solidariedade: nenhuma Legitimidade: geral Capacidade crítica: não observada	Os vizinhos da comunidade estão longe. Não observado
Execução do projeto	Vantagens indiretas: boas Legitimidade: aceita	Resultado excelente
Impressão da comunidade beneficiada	Legitimidade: aceita e exigida Representatividade: tem a cara da comunidade	Resultado excelente

Tanto o acompanhamento quanto a avaliação final podem se valer, para a coleta de dados, de instrumentos que permitam obter as informações necessárias para o processo de julgamento. Entre esses instrumentos, estão os questionários, lidos e preenchidos pelo próprio entrevistado, além de entrevistas que utilizam roteiros mais ou menos estruturados.

Ficha 31
Exemplo de ficha de registro de situações da horta orgânica (1)

Tipo de situação: acidente no galpão Data: 4-5-2007 Duração: 10 minutos Endereço: galpão da horta orgânica		
Previsão na análise	**Conseqüência no acompanhamento**	**Resultado de avaliação**
Não prevista	Construção feita às pressas a custo mais baixo	Prejudicada a eficácia do projeto — corrigir (má qualidade de trabalho)

Ficha 32
Exemplo de ficha de registro de situações da horta orgânica (2)

Tipo de situação: chuva fraca e fina, intermitente, na horta
Data: 4-5-2007
Duração: 7 minutos
Endereço: terreno da horta orgânica

Previsão na análise	Conseqüência no acompanhamento	Resultado de avaliação
Não prevista	Está aumentando a produção — como se as plantas estivessem sendo regadas com regularidade	Altamente positivo

Outro instrumento utilizado é o grupo focal, que se constitui na discussão de alguns tópicos selecionados com grupos específicos. Esses grupos podem ser de usuários diretos de um serviço ou projeto, por exemplo, moradores da comunidade na qual o projeto de horta orgânica se desenvolve. A discussão dos tópicos — por exemplo, a aceitação dos serviços oferecidos, a qualidade do atendimento, a necessidade de serviços complementares, entre outros — é registrada, condensada em categorias e analisada.

Na ficha, apresentamos algumas sugestões para a elaboração de um questionário de acompanhamento ou avaliação final. No entanto, cabe observar que não há um questionário padrão para se fazer o acompanhamento ou para a avaliação. Por isso, aqui apenas são apresentados exemplos ou sugestões que devem ser ajustados a cada projeto e a cada necessidade de informações num processo de acompanhamento.

Ficha 33
Exemplo de questionário de acompanhamento (ou de avaliação)

PROJETO DE HORTA ORGÂNICA

Data da entrevista: ___/___/_____

(A) Identificação do entrevistado **Nº do questionário:** _____

1. Sexo: M ( )   F ( )
2. Idade: _____

Continua

3. Ocupação atual: _____

4. Local de residência: na comunidade ( )   fora da comunidade ( )
5. Instrução — última série cursada: _____

(B) Questões

6. Você é cliente/usuário do projeto?   Sim ( )   Não ( )
7. Qual a sua opinião sobre o projeto?
Ótimo ( )   Bom ( )   Aceitável ( )   Não é bom ( )   Péssimo ( )
8. Você poderia dizer por quê? _____

9. Na sua opinião, como as outras pessoas (comunidade) julgam o projeto?
Ótimo ( )   Bom ( )   Aceitável ( )   Não é bom ( )   Péssimo ( )
10. Você poderia dizer por quê? _____
11. Qual a ajuda que você tem dado ao projeto? _____
12. Você foi convidado para alguma reunião do projeto?   Não ( )   Sim ( )
13. Caso a resposta tenha sido positiva, compareceu?   Não ( )   Sim ( )
14. A direção do projeto costuma consultar a comunidade?   Não ( )   Sim ( )
15. Que sugestões você daria ao projeto? _____

Como fonte de informações, o acompanhamento pode utilizar ainda:

- reuniões de grupo, podendo ser formais ou programadas e informais ou não-programadas. Esta fonte é muito importante, devido à possibilidade de se recolherem observações de qualquer origem, inclusive de pessoas não envolvidas na execução do projeto, no sentido de aumentar a participação da comunidade no processo;
- entrevistas, sejam espontâneas ou não, em que são relatadas experiências, sugestões e problemas, segundo a opinião das pessoas da comunidade, muitas das quais podem não ter sido observadas pelo(s) responsável(is) pelo acompanhamento;
- questionários, que podem ser feitos também na avaliação final;
- observações que, como as reuniões de grupo, são classificadas como formais e informais, dependendo da intenção ou não deste instrumento;
- análise de documentos, em que são obtidas as mais variadas informações. Como exemplo de documentos, tem-se: os utilizados anteriormente pela

comunidade, de outra comunidade, de outros projetos, registros e correspondências diversas, estatutos e regulamentos.

As informações deverão ser coletadas e reunidas em formulários próprios, visando sua utilização pelos executores do projeto e, posteriormente, pela avaliação final.

É importante mencionar que o acompanhamento não deve ser somente quantitativo ou qualitativo. O acompanhamento qualitativo não é incompatível com o quantitativo, simplesmente cada um tem uma perspectiva própria e momento oportuno, devendo ser considerados complementares, e não opostos.

Por fim, cabe ainda destacar que um bom indicador (quantitativo) ou fator (qualitativo) deve conter as seguintes características:

- ser objetivo — evitar o "achismo"; uma pessoa achar isso ou aquilo do projeto não indica que a maioria da comunidade concorde com sua opinião. Deve-se procurar a maior quantidade de opiniões possível e basear a tomada de decisão na opinião da maioria, isto é, ser democrático. Além disso, a participação da comunidade é essencial em um projeto comunitário;
- ser essencial — deve-se procurar acompanhar e avaliar o que é importante para o projeto e, conseqüentemente, para a comunidade. Não se deve perder tempo e dinheiro acompanhando e avaliando ocorrências que não são importantes;
- ser orientado para os objetivos — os indicadores/fatores devem se relacionar com os objetivos do projeto e não procurar evidências para satisfazer essa ou aquela pessoa, que somente procura tirar vantagens das circunstâncias;
- ser válido — os indicadores/fatores devem refletir as transformações da comunidade em função do que o projeto possibilitou, e não a partir de ocorrências que não têm nada a ver com o que foi executado;
- ser quantificável — conter critérios de quantidade, qualidade e tempo;
- ser independente — diferente em conteúdo de outros indicadores/fatores;
- ser demonstrável — podendo comprovar os dados por meio dos registros e interpretações feitas.

Dificuldades e limitações

O acompanhamento deve considerar dois tipos comuns de restrições, que normalmente aparecem durante a execução de um projeto: o encadeamento básico próprio das tarefas, que representa a lógica interna da ação (variável interna), e as restrições que dizem respeito à disponibilidade de requisitos externos ao projeto (variável externa).

Por outro lado, o acompanhamento não deve ser compreendido como um fim em si mesmo. Ele não tem sentido algum se for considerado uma seqüência rotineira de ações previstas na fase anterior. O acompanhamento vai além disso, deve interpretar os indicadores e fatores, e perceber o momento correto para tomar a decisão de redirecionar o projeto se alguma coisa vai mal.

Não se deve coletar informações que não serão utilizadas, pois isso onera e dificulta o acompanhamento do que é importante e essencial. Também é importante levar em conta o custo da informação em relação ao uso que se fará dela; não vale a pena executar um sistema sofisticado de acompanhamento se sua utilização for mínima.

Muitas vezes o acompanhamento deve atender a diversos públicos com diferentes interesses, o que pode ocasionar conflitos de interesses, tais como agentes financiadores *versus* executores, executores *versus* avaliadores, executores *versus* comunidade.

Avaliação final (ou de impacto)

Este item abordará a terceira fase do processo de avaliação de projetos, a qual denominamos avaliação final ou de impacto.

Antes de descrever e exemplificar as técnicas e instrumentos que podem ser usados na avaliação final de projetos comunitários, é necessário respondermos a algumas perguntas que, geralmente, surgem quando abordamos o assunto. Essas perguntas básicas são:

- o que é avaliação?
- por que avaliar?
- quando avaliar?
- quem deve avaliar?
- como avaliar?

O que é avaliação final?

Avaliação final é um conjunto de atividades no qual se coletam, analisam e interpretam dados e informações para fazer um julgamento objetivo de um projeto concluído ou de uma de suas fases.

Avaliar significa julgar se uma coisa é boa ou ruim e em que medida. A avaliação final de projetos é uma técnica gerencial para o retorno permanente de informações a serem utilizadas no aprimoramento das ações.

A atividade de avaliação final deve ser entendida como um processo presente no planejamento, na programação e na execução do projeto. Não é, portanto, uma etapa isolada que deva ser desencadeada somente ao seu término.

O processo de avaliação final serve para conhecer como foi executado o projeto, dar valor aos resultados obtidos, tomar decisões sobre a continuidade ou interrupção das ações, eliminar ou diminuir os efeitos negativos, aumentar os efeitos positivos ou, ainda, decidir sobre um novo projeto com base em informações seguras.

Um bom processo de avaliação está diretamente relacionado com a quantidade e qualidade das informações coletadas. Por isso, é fundamental que durante a elaboração e a execução do projeto sejam registradas, entre outras, informações sobre as ações, os recursos empregados, as metas, os impactos nos participantes e no meio, os fatores facilitadores e limitadores para, ao seu término, proceder a uma avaliação final adequada.

As etapas de avaliação final e de acompanhamento do projeto são muito parecidas. A linha que delimita onde termina uma e começa a outra é, muitas vezes, imperceptível. Apesar de não existirem regras rígidas para definir esse limite, alguns aspectos podem auxiliar na delimitação.

O primeiro aspecto é quanto ao momento de execução. As atividades de acompanhamento acontecem durante a execução do projeto. A avaliação ocorre ao final ou em momentos predeterminados durante a implementação, isto é, depois de concluída uma fase do projeto.

O segundo aspecto refere-se a quem deve executar a atividade e com qual finalidade. O acompanhamento, geralmente, é processado por quem executa o projeto, para detectar eventuais desvios e corrigi-los imediatamente, a fim de que a programação não sofra alterações que comprometam os objetivos e as metas definidos. A avaliação final deve ser executada por pessoas interessadas nos resultados, mas não envolvidas diretamente com a execução, para interpretar, de forma objetiva, os reais resultados.

Por que avaliar?

A avaliação final deveria ser uma atividade prevista para todo projeto. Entretanto, muitas vezes, não é isso que acontece. Mesmo não estando prevista, a avaliação final é importante quando:

- os agentes financiadores exigem;
- há opiniões contraditórias sobre a validade do projeto;
- os executores precisam saber quais os impactos gerados na comunidade após a conclusão de uma fase ou de todo o projeto;
- é necessário decidir sobre a continuidade ou interrupção das atividades;
- os objetivos programados inicialmente não são mais válidos para a comunidade;
- há desinteresse ou pouca participação da comunidade nas ações do projeto;
- os recursos de manutenção do projeto se tornam escassos ou inexistentes;
- deseja-se executar o projeto em outra comunidade.

A seguir, damos alguns exemplos que justificam a importância da avaliação final.

Dar respostas aos doadores ou agentes financiadores: os executores de um projeto devem demonstrar aos doadores dos recursos, isto é, às agências financiadoras, o uso que fizeram do dinheiro, materiais doados, instalações etc.

Por exemplo, no projeto de horta orgânica, pode-se prever uma avaliação após três meses de funcionamento, para atender a uma exigência da instituição que financiou o projeto, ou mesmo para prestar contas à comunidade que se empenhou para que este acontecesse.

Os resultados da avaliação poderão ser usados pela comunidade ao buscar financiamento para um novo projeto. As agências financiadoras recebem vários pedidos de recursos para diversos projetos e devem decidir qual(is) irá(ão) privilegiar, pois os recursos são sempre escassos e não podem atender a todas as demandas. As agências financiadoras certamente levarão em conta o fato de a comunidade demonstrar que realizou um projeto com eficiência e que alcançou os resultados esperados.

Dar respostas aos cidadãos e à comunidade: também para a comunidade, ou para os cidadãos beneficiados com o projeto, os executores devem demonstrar como e onde foram aplicados os recursos e quais os resultados alcançados, principalmente se o projeto for de auto-ajuda.

Devemos sempre lembrar que os recursos pertencem a toda a comunidade, sendo apenas gerenciados por um grupo de pessoas que, de acordo com as circunstâncias, estão mais aptas a executar o projeto.

A avaliação final é a forma pela qual se demonstra a utilização eficiente (ou ineficiente) dos recursos e a satisfação (ou insatisfação) da comunidade com os resultados alcançados no projeto.

Ainda utilizando o exemplo referido anteriormente, no terceiro mês de funcionamento da horta a avaliação final pode servir tanto para a instituição financiadora quanto para a comunidade. Ao ouvir as opiniões e sugestões da comunidade, pode-se melhorar o serviço prestado.

Melhorar o projeto ou novos projetos: a avaliação permite detectar os pontos fortes e fracos de uma fase ou do projeto concluído. No caso da avaliação de uma fase do projeto, as ações podem ser repensadas, eliminando ou diminuindo erros e mantendo os acertos.

Com base nas experiências vivenciadas pelos executores e pela comunidade em uma determinada situação, podemos planejar outros projetos analisando as informações seguras, antecipando as dificuldades e facilidades que possivelmente iremos encontrar.

Identificar novas necessidades: ao avaliarmos, podemos identificar novas necessidades da comunidade e dar início a um novo projeto. Ainda utilizando o exemplo da horta, na avaliação a comunidade pode detectar a necessidade de melhorar a distribuição e a venda dos produtos, dando início a um projeto de criar uma cooperativa comunitária que realize essas atividades. Podem surgir, ainda, outras necessidades, tais como construir mais canteiros, melhorar o sistema de irrigação, diversificar os produtos cultivados e outros.

Comparar os resultados com os objetivos: a avaliação possibilita que se comparem os resultados alcançados com os objetivos programados na elaboração do projeto. Por exemplo, se a horta foi instalada para empregar 16 pessoas e está empregando somente 10, devemos investigar por que isso está acontecendo. Com a avaliação final, saberemos qual foi o equívoco, e poderemos corrigi-lo ou redirecionar as ações.

Pode ter havido uma falha na elaboração do projeto, isto é, ao fazer o levantamento de necessidades, a equipe constatou que 16 pessoas poderiam ser empregadas no projeto, mas devido a problemas como a falta de divulgação e interesse da comunidade apenas 10 estão participando. Assim, a equipe responsável pode fazer um trabalho de divulgação maior da horta na comunidade, para despertar o interesse pela participação de mais pessoas.

Pode haver, também, desconfiança das pessoas quanto à qualidade dos produtos produzidos na horta. Essa situação requer que os administradores tomem medidas para ganhar a confiança da comunidade. Algumas alternativas para reverter a situação são convidar as pessoas a conhecer todo o processo, desde o plantio até a colheita, e mostrar o processo de lavagem e embalagem dos produtos colhidos etc.

Essas falhas podem ser detectadas na fase de acompanhamento, não ocorrendo, necessariamente, na avaliação final. Pode-se afirmar, inclusive, que isso seria o ideal. Entretanto, como a equipe de acompanhamento geralmente é também a executora do projeto, pode ocorrer que não perceba as variáveis que afetam o atendimento dos objetivos finais.

Uma boa avaliação deve ainda atender a dois tipos de usuários: o interno e o externo. São usuários internos aquelas pessoas que executam o projeto comunitário e usuários externos aqueles que não estão envolvidos diretamente em sua execução, tendo, porém, interesse no projeto, tais como os agentes financiadores e os beneficiários diretos e indiretos das ações.

No projeto de horta orgânica, os usuários internos da avaliação final podem ser, por exemplo, os técnicos agrícolas, a comunidade em geral, aqueles que participam diretamente do projeto. Os usuários externos seriam a prefeitura, pessoas de outras comunidades que comprem os produtos cultivados na horta e outras entidades da localidade interessadas na melhoria da qualidade de vida da comunidade.

Quando avaliar?

A avaliação final ou de impacto se dá depois de completada a execução do projeto ou ter decorrido um determinado tempo desde o início das atividades, e não deve limitar-se às informações coletadas ao seu final. É importante que durante as etapas de análise e acompanhamento sejam feitos registros de dados que permitam uma melhor avaliação final.

Dessa forma, a avaliação final deve ser considerada e estruturada no momento da elaboração do projeto comunitário. Ao detalhar o projeto, já devemos ter uma idéia de como será feita a avaliação e quais as informações necessárias para julgar se os objetivos e metas foram atingidos e, também, quais os impactos gerados na comunidade.

No projeto da horta podem, por exemplo, ser definidos os seguintes momentos para avaliação: decorridos três meses de funcionamento da horta; e após o primeiro ano de funcionamento e a cada final do ano seguinte.

Quem deve avaliar?

A avaliação final, preferencialmente, não deve ser processada pelos executores do projeto. Para justificar esta afirmação, usamos um princípio consagrado de auditoria: quem presta contas não pode examinar a correção destas, por uma questão ética.

O envolvimento dos executores com o projeto geralmente dificulta uma análise clara dos resultados. Isso não significa que os executores estarão impedidos de participar da avaliação final. Pelo contrário, são justamente os executores que poderão esclarecer as dificuldades e facilidades que encontraram para atingir os objetivos e metas. Em síntese, queremos enfatizar que a equipe que executou o projeto não deve ser a mesma que o avalia.

Se o projeto foi financiado por alguma entidade, os responsáveis pela avaliação final deverão ser os representantes dessa agência financiadora. Caso seja de auto-ajuda, poderemos eleger representantes na comunidade para realizar a avaliação final, ou, ainda, contratar organizações ou pessoas especializadas no assunto.

Em qualquer situação, os avaliadores deverão estar sempre atentos à qualidade das informações, que podem mascarar situações e favorecer a equipe de gestão, perdendo-se, assim, a transparência do processo.

É recomendável que a avaliação final seja realizada por uma equipe composta de avaliadores internos (analistas e executores do projeto) e externos (agência financiadora, doadores, comunidade, entidades ou consultores especializados etc.). Dessa maneira, o processo ganha a objetividade e a transparência necessárias. Além disso, os resultados da avaliação final dificilmente serão questionados se todas as pessoas envolvidas ou interessadas no projeto participarem do processo avaliador.

É importante que se estabeleça um diálogo franco entre os avaliadores externos e internos, numa linguagem técnica que todos os participantes do processo possam compreender. O que vai ser avaliado deve ser estabelecido previamente para não haver problemas posteriores.

É imprescindível, também, que a comunidade participe da avaliação final. Um dos equívocos mais freqüentes em projetos comunitários é não envolver a comunidade. O objetivo final de um projeto comunitário é atender a comunidade. Um projeto elaborado, executado ou avaliado com uma atitude de "tutela" da comunidade está fadado ao insucesso. Somente as pessoas da comunidade podem dizer se estão ou não satisfeitas com os resultados.

Como avaliar?

A atividade de avaliação final utiliza os instrumentos elaborados durante o processo de gestão do projeto e, em particular, necessita de informações sobre as decisões e ações administrativas tomadas durante a execução.

A qualidade da avaliação final depende, portanto, do acesso e da qualidade dos registros administrativos efetuados nas etapas posteriores. Como esta etapa do processo ocorre após a conclusão de uma fase ou de todo o projeto, se os fatos e situações forem registrados na medida em que acontecem, isso facilitará a avaliação final.

Se os registros não estão disponíveis, a equipe de avaliadores deverá recuperar as informações, o que poderá redundar em um prolongado prazo de coleta de dados. A recuperação dessas informações dá-se por meio da consulta a documentos existentes, ou, ainda, questionários e entrevistas realizadas com pessoas envolvidas no projeto e, nesse caso, teremos de contar com a possibilidade de interpretações subjetivas e da omissão ou esquecimento de alguns dados importantes.

Portanto, essa atividade irá usar, basicamente, os mesmos instrumentos da análise e do acompanhamento, ou seja, o orçamento detalhado, a programação das atividades, o cronograma físico-financeiro, o fluxo de caixa, a ficha de registro de entrevistas, a ficha de registro de ocorrências e outros instrumentos disponíveis. Os avaliadores podem, ainda, criar outros instrumentos para coletar informações convenientes e oportunas para buscar as explicações do tipo causa e efeito. Essas explicações consistem em interpretar evidências, indícios e comprovações (causas) que facilitaram ou dificultaram o alcance dos resultados e impactos (efeitos).

Existem várias formas de realizar uma avaliação final de projetos. Uma maneira de selecionar a forma mais adequada é responder a três questões básicas:

- o que avaliar?
- para que avaliar?
- para quem avaliar?

Dependendo do conteúdo, da finalidade e do destinatário da avaliação final, optaremos por uma ou por outra técnica ou, ainda, poderemos combiná-las. A seguir, apresentamos alguns modelos de avaliação final.

Avaliação do processo de gestão

A principal finalidade deste tipo de avaliação final é verificar como foram tomadas as decisões de gestão. É útil principalmente para os executores do projeto. O conteúdo da avaliação final responderá às questões que se seguem.

- Qual foi o desenvolvimento do projeto desde o seu início?
- Quais foram os custos do projeto?
- Como foram tomadas as decisões?
- Que variáveis internas (administrativas) e externas (econômicas, sociais, políticas e culturais) interferiram no funcionamento do projeto?
- Quais foram os instrumentos de gestão?
- Quais foram os pontos fortes e fracos da gestão do projeto?
- Quais foram os pontos críticos na implementação?

As principais fontes de informações são os registros efetuados nas etapas anteriores, a observação e a entrevista com os executores do projeto.

Avaliação de objetivos e metas

Neste tipo de avaliação final, procura-se investigar se os objetivos e metas programados foram alcançados, com que velocidade e a que custos. Destina-se não só aos executores do projeto, mas também aos agentes financiadores e à comunidade. Responde-se a questões como as que se seguem.

- Quais os objetivos e metas definidos no projeto?
- Até que ponto o projeto alcançou seus objetivos e metas?
- Com que velocidade?
- Os objetivos e metas foram válidos para a comunidade?
- Quais foram os custos do projeto?
- Como melhorar a qualidade dos bens/serviços do projeto de agora em diante?
- Como diminuir os custos?
- Como agilizar os processos?

As informações para este tipo de avaliação final são o projeto, os registros anteriores, as opiniões e percepções dos executores e beneficiários das ações.

Avaliação comparativa

O objetivo desta avaliação final é comparar a situação existente antes e depois da implementação do projeto. É uma avaliação ampla, pois deve considerar todas as variáveis que afetam a situação que se pretendeu modificar com o projeto.

Lança mão de padrões quantitativos e qualitativos para comparar se a qualidade de vida de uma determinada comunidade melhorou ou piorou em um período de tempo preestabelecido. Os padrões socioeconômicos, isto é, aqueles que caracterizam as condições sociais e econômicas de uma determinada comunidade — como, por exemplo, os coletados pelo Instituto Brasileiro de Geografia e Estatística (IBGE) sobre habitação, educação, saúde, nível de renda e outros —, são muito utilizados nesse tipo de avaliação. Os padrões também podem ser criados pelos avaliadores.

Responde a indagações como as que se seguem.

- Qual a situação antes e depois do projeto?
- Quais as variáveis que afetaram a situação?
- Quais as opiniões/percepções dos beneficiários sobre o projeto?

É útil para os executores do projeto, para os beneficiários e, também, planejadores de políticas públicas e órgãos governamentais.

Avaliação custo-benefício

Este é um tipo especial de avaliação comparativa, pois compara o custo do projeto com os benefícios do projeto. Este tipo de avaliação investiga questões como as seguintes.

- Qual a relação existente entre os custos e os benefícios, expressos em valores monetários, gerados pelo projeto?
- Qual a relação existente entre os resultados e os custos do projeto?
- O projeto foi realmente efetivo?
- Vale a pena levá-lo adiante?

Destina-se aos planejadores e executores do projeto, às agências financiadoras e à comunidade.

Como fontes de informação, esses tipos de avaliação final devem utilizar todo o material disponível. Além dos instrumentos usados nas etapas anteriores, o projeto, a documentação existente, os registros administrativos, relatórios, estatísticas de serviço, reuniões do grupo executor, reuniões com a comunidade, observações em serviço e na comunidade, estatísticas oficiais, questionários, entrevistas, podem constituir-se em valiosas fontes de informação.

Deve-se ressaltar que, por questões operacionais e de espaço, não conseguiremos efetuar uma avaliação que englobe todos os aspectos anteriormente mencionados. Recomenda-se, assim, que a equipe de avaliação privilegie o critério de finalidade. Na realidade, os tipos de avaliação final mencionados lidam com alguns conceitos comumente usados em administração, ou seja: a eficiência, a eficácia e a efetividade.

A *eficiência* é definida como o cumprimento de normas e redução de custos. Avaliar se um projeto foi eficiente é verificar se ele foi executado da maneira mais competente e segundo a melhor relação custo/resultado. Para medir a eficiência de um projeto, devemos analisar os procedimentos, a relação insumo/produto e a relação custo/resultado. Por exemplo, no projeto de horta orgânica, para medir a eficiência, devemos analisar os custos de construção, instalação, aquisição dos materiais, contratação dos funcionários etc.

A *eficácia* diz respeito ao alcance de resultados e à qualidade dos produtos e serviços gerados pelo projeto. Avaliar se um projeto foi eficaz é verificar se os resultados previstos foram alcançados, em que quantidade e com qual qualidade. Portanto, no projeto de horta orgânica, a eficácia deve ser medida comparando-se o número de famílias que deveriam ser beneficiadas com os produtos da horta com o número que foi realmente beneficiado.

A *efetividade* refere-se ao impacto do projeto, isto é, verificar se o projeto respondeu de forma adequada às necessidades e às expectativas da comunidade. No projeto de horta orgânica, a efetividade é traduzida pela satisfação das famílias com os benefícios trazidos pela horta, como, por exemplo, o aumento da renda familiar graças aos produtos cultivados. No que diz respeito à renda familiar, o avaliador deve ter o cuidado de investigar se o aumento da renda tem relação direta com a horta, isto é, deve verificar quantas pessoas passaram a auxiliar na renda familiar após desenvolverem atividades dentro do projeto. Nesse sentido, a efetividade seria a categoria mais complexa de ser tratada na avaliação final.

Essas categorias devem ser tratadas como complementares. De nada adianta um projeto ser eficiente e eficaz se não for efetivo.

Dificuldades do processo de avaliação

Executar um processo de avaliação não é tarefa das mais simples. Talvez isso explique por que a avaliação é uma atividade pouco desenvolvida dentro da gestão de projetos.

Muitas vezes, os interesses dos envolvidos em um projeto são diferentes e, até mesmo, contrários. Isso dificulta uma avaliação objetiva, mas nem por isso se deve desestimular ou impedir esse processo.

Se os objetivos e as metas do projeto estiverem bem claros e se forem definidos democraticamente, com a participação da comunidade, atendendo aos interesses da maioria, os conflitos tendem a diminuir.

As pessoas envolvidas na execução de um projeto podem estar satisfeitas com o que fizeram, acreditam ser o melhor e a forma mais adequada. Contudo, os beneficiários ou agentes financiadores podem estar insatisfeitos, supondo que os recursos não foram gerenciados da forma mais correta ou, ainda, que as metas não foram atingidas no prazo desejado. A avaliação é importante quando existem opiniões contraditórias, pois ela poderá confirmar ou não a correção das ações e dos resultados. Dessa forma, decisões podem ser tomadas com base nessas informações, para que se corrijam os desvios porventura existentes.

Outra dificuldade do processo diz respeito à resistência que as pessoas têm para submeter-se à avaliação. Em geral, a avaliação é vista como um processo que aponta as falhas de determinados procedimentos e, conseqüentemente, quem falhou.

Para diminuir as resistências, o processo de avaliação deve envolver o maior número possível de pessoas, tais como as que elaboraram o projeto, as que o executaram, representantes dos agentes financiadores, doadores, os cidadãos que se beneficiaram, direta ou indiretamente, das ações levadas a efeito e, até mesmo, entidades externas especializadas em avaliação. Assim, todos poderão dar sua contribuição e relatar as dificuldades e facilidades que encontraram.

A avaliação não deve somente apontar os fatores negativos, as falhas e os erros. É importante ressaltar os bons desempenhos, a criatividade dos executores e, principalmente, os benefícios alcançados pela comunidade e pelo meio. Os resultados da avaliação não devem ser "engavetados". As conclusões devem ser incorporadas para melhorar as ações do projeto avaliado e possibilitar o empreendimento de novos projetos. Se a avaliação é realizada somente para cumprir uma exigência formal, é melhor nem começá-la. Seria dispendioso e desnecessário empreender um processo avaliativo que não venha a ter utilidade prática.

A revisão da bibliografia, o contato com organizações não-governamentais e grupos que desenvolvem projetos comunitários, e as reuniões de trabalho para elaborar este texto permitiram aos autores arrolar algumas constatações e desafios que se apresentam para o tema da avaliação de projetos comunitários.

A primeira constatação é que a bibliografia existente sobre o tema é bastante heterogênea, privilegiando uma linguagem empresarial, o que apresenta o desafio de se fazer a inter-relação da linguagem técnica com os movimentos sociais.

A segunda constatação é que a avaliação — tanto para organismos governamentais e não-governamentais, quanto para a sociedade civil organizada que empreende projetos comunitários — é um tema pouco privilegiado, podendo-se dizer inclusive que recebe um papel secundário dentro dos projetos. Constatou-se que os esforços para avaliar um projeto comunitário nem sempre são sistematizados, porque geralmente as reuniões de trabalho realizadas para essa finalidade não são registradas, perdendo-se importantes informações acerca da história do projeto. História esta que poderia ser aproveitada em novos projetos e até mesmo para consolidar a atuação de determinados grupos ou organismos em determinadas comunidades.

A terceira constatação é que os raros exemplos de avaliação de projetos comunitários tomam dimensões extremas. De um lado, encontramos avaliações que focalizam tão-somente a questão custo-benefício, pautando suas ações em uma visão extremamente econômica, o que é, no mínimo, equivocado para se avaliarem projetos comunitários de natureza social. De outro lado, por causa da dificuldade de se estabelecerem indicadores mais flexíveis, que percebam o valor social do projeto, encontramos projetos que não sistematizam a etapa de avaliação ou, se o fazem, não se preocupam em corroborar as afirmações por meio da percepção do cidadão usuário ou beneficiário do projeto.

A quarta constatação é que há uma enorme dificuldade em tratar a avaliação como um processo democrático. Existem resistências à participação dos cidadãos da comunidade beneficiada. Isso se explica, em parte, pela dificuldade de atender, com o processo de avaliação, públicos tão diversificados e com interesses heterogêneos, tais como órgãos governamentais, agências financiadoras, organismos não-governamentais que executam os projetos e o próprio cidadão beneficiário.

A última constatação, e talvez a mais importante, é que o tema avaliação de projetos comunitários, discutido neste capítulo, antes de apresentar certezas, teve como objetivo pôr a questão na pauta de debate. Ainda temos um longo caminho a percorrer para encontrar uma forma adequada de avaliar os projetos de natureza social. Mas o primeiro e principal passo é reconhecer a sua necessidade e utilidade.

A partir dessas constatações, alguns desafios se apresentam para a avaliação de projetos comunitários. É importante, para se demonstrarem os resultados, entender a avaliação como um processo, iniciado na fase de planejamento do projeto e presente na etapa de execução. Esta é uma concepção nova de avaliação e precisa estar perfeitamente incorporada por aqueles que planejam, executam ou financiam projetos comunitários. Esse processo se caracteriza basicamente por ser:

- um processo aberto e participativo, permitindo que todos os interessados possam opinar sobre a validade e os resultados alcançados pelo projeto;
- um processo educativo, já que procura identificar os pontos positivos e negativos do projeto, permitindo uma crítica construtiva e o constante aperfeiçoamento da atividade comunitária. Aqui o grande desafio é fazer desse processo uma possível educação para a cidadania, permeando as ações com categorias como participação, solidariedade, responsabilidade social, sujeito coletivo e outras pertinentes;
- um processo que conjugue os interesses dos vários participantes do projeto. Talvez esse seja o maior desafio, pois os interesses são muito diferentes;
- um processo que pode ser prazeroso, não necessitando que haja conflitos; se houver, recomenda-se a negociação;
- um processo sistemático, que contemple o maior número de registros possíveis, tanto dos dados quantitativos quanto dos dados qualitativos. Aqui, outro desafio apresentado é como tratar os dados depois de coletados;
- um processo voltado para a tomada de decisão, uma permanente retroalimentação para os participantes.

Caso prático

Para facilitar a compreensão e a aplicação dos conceitos utilizados neste livro, vejamos um exemplo completo de planejamento da avaliação do projeto da biblioteca comunitária.

Objetivos do projeto

Proporcionar conhecimento e ampliar o conhecimento já adquirido. Levar a criança e o adolescente — e mesmo as pessoas da terceira idade — a terem um maior gosto pela leitura e reforçar as pesquisas e trabalhos escolares. Indiretamente, tem-se ainda, por objetivo, reduzir o analfabetismo na comunidade.

Momentos de avaliação

- Primeira avaliação: após três meses de funcionamento da biblioteca.
- Segunda avaliação: ao final do primeiro ano de avaliação.
- Terceira avaliação: ao final do segundo ano de avaliação (e assim sucessivamente).

Finalidade da avaliação

- Primeira avaliação: prestar contas à instituição financiadora do projeto (parceiro) e verificar os resultados alcançados até essa ocasião.
- Segunda avaliação: verificar os resultados alcançados no primeiro ano de funcionamento da biblioteca.

Destinatários da avaliação

- Primeira avaliação: instituição que financiou o projeto, executores do projeto e comunidade.
- Segunda avaliação: administradores da biblioteca, comunidade e entidades/ instituições que atuam na comunidade.

Conteúdo da avaliação

Primeira avaliação

- Comparar os custos previstos no projeto e o que foi efetivamente gasto.
- Comparar o tempo de execução previsto no projeto e o tempo utilizado.
- Indicar o número de pessoas que estão inscritas na biblioteca.
- Indicar o número de empréstimos de livros realizados.
- Recolher opiniões e sugestões da comunidade sobre o funcionamento da biblioteca.
- Indicar o rendimento escolar dos freqüentadores da biblioteca, para posterior comparação na segunda avaliação.
- Recolher depoimentos dos executores do projeto sobre as facilidades e dificuldades na execução do projeto, bem como sugestões para melhorar o projeto.

- Detectar novas necessidades da comunidade.
- Descrever os processos de recreação e pedagógico da biblioteca, bem como os objetivos a que se propõe o projeto.
- Recolher outras informações importantes para o projeto.

Segunda avaliação

- Indicar o número de inscritos na biblioteca e comparar com os indicadores da primeira avaliação.
- Indicar o número de empréstimos de livros da biblioteca, bem como comparar com os indicadores da primeira avaliação.
- Recolher opiniões e sugestões da comunidade sobre o funcionamento da biblioteca para melhorar o atendimento.
- Indicar o rendimento escolar dos freqüentadores da biblioteca e comparar com os indicadores da primeira avaliação.
- Recolher depoimentos dos administradores da biblioteca sobre as facilidades e dificuldades na implementação do projeto, bem como sugestões para melhorar o atendimento.
- Recolher evidências de como os processos de recreação e pedagógico estão influindo no desenvolvimento dos freqüentadores e comparar com os objetivos descritos na primeira avaliação.
- Detectar novas necessidades da comunidade.
- Recolher outras informações importantes sobre a biblioteca.

Responsáveis pela avaliação

- Primeira avaliação: instituição financiadora.
- Segunda avaliação: associação comunitária ou representantes escolhidos na comunidade ou entidades/consultores especializados.

Participantes da avaliação

- Primeira avaliação: representantes da instituição financiadora, executores do projeto, administradores da biblioteca e comunidade.
- Segunda avaliação: administradores da biblioteca, comunidade e os responsáveis pela avaliação.

Programação das atividades

Aqui deve ser definido onde e como serão coletadas as informações sobre o conteúdo da avaliação. Damos a seguir dois exemplos.

As opiniões e sugestões da comunidade sobre o funcionamento da biblioteca serão coletadas em uma reunião, a ser realizada no dia tal do mês tal, no salão paroquial da igreja. A comunidade poderá manifestar-se livremente sobre a questão, e o registro das informações será feito por meio da gravação dos depoimentos.

As opiniões e sugestões da comunidade sobre o funcionamento da biblioteca serão coletadas por meio de questionário a ser elaborado pela equipe de avaliação. Os questionários serão distribuídos na missa dominical e recolhidos no domingo seguinte, ou será solicitado à comunidade que entregue os questionários na associação comunitária ou na biblioteca.

CAPÍTULO 4

Captação de recursos para projetos comunitários

Captação e mobilização de recursos — a batalha permanente pela sustentabilidade e sobrevivência. A captação de recursos configura-se como uma das atividades cruciais para a implementação de projetos comunitários, geralmente sem fins lucrativos, bem como para a manutenção e sustentabilidade dessas iniciativas.

Afinal, o que é a captação de recursos?

Speak, Boyd e Shipley (2002) definem captação de recursos como o conjunto de atividades realizadas por organizações sem fins lucrativos em apoio à sua finalidade principal, independentemente da fonte ou do método utilizado para gerar tais recursos.

Martins (2005) amplia essa compreensão, incorporando a ela conceitos de marketing. Para a autora, captar recursos é vender uma idéia, e vender uma idéia é muito mais que simplesmente conseguir fundos; é conquistar um parceiro.

Outra terminologia mais abrangente também tem sido utilizada para tratar deste assunto: a mobilização de recursos. Neste conceito, além de assegurar recursos novos ou adicionais para a comunidade ou o projeto, também está incluída a habilidade para melhor utilizar os recursos existentes, buscando atrair e construir novas parcerias, além de obter fontes alternativas de recursos financeiros.

O conceito de mobilização de recursos local adotado pela Oxfam, organização não-governamental de origem inglesa, entende recursos de forma ampla — pessoas, organizações e recursos financeiros, materiais e técnicos. E busca, mediante o uso de meios como a comunicação, marketing social, campanhas, geração de renda e captação de recursos, educar públicos-alvo e engajá-los no apoio à causa e à missão das organizações da sociedade civil e às iniciativas comunitárias.

Telma Rocha (2004) une essas concepções e aponta que a captação de recursos constitui-se na mobilização de pessoas, organizações e recursos materiais, técnicos e financeiros que visam fortalecer as iniciativas da sociedade civil, ampliando sua visibilidade, legitimidade e autonomia como protagonistas fundamentais da transformação social.

Neste capítulo, quando nos referirmos a recursos, será então ao seu sentido amplo, incluindo tanto os meios financeiros (dinheiro) quanto aqueles não-financeiros (pessoas, organizações, serviços, apoio técnico, materiais, lugares, equipamentos etc.).

Por que captar e mobilizar recursos?

A principal motivação para a captação e mobilização de recursos é garantir a viabilidade de um projeto e, a longo prazo, de uma comunidade organizada, mantendo-os estáveis e produtivos.

Essa atividade integra as ações necessárias para construir e garantir a sustentabilidade do projeto. Pode-se afirmar que, atualmente, a maioria das organizações sem fins lucrativos é vulnerável, bem como boa parte das iniciativas comunitárias possui poucos recursos e, em geral, uma única fonte de apoio. A captação e a mobilização, quando planejadas, contribuem para que a comunidade diversifique a origem dos seus recursos e diminua o grau de vulnerabilidade ao qual está exposta, como, por exemplo, a mudança em prioridades ou políticas de financiadores locais, nacionais ou internacionais.

Como a mobilização de recursos implica também a mobilização de pessoas e outras organizações, esse processo contribui para legitimar o trabalho desenvolvido, construir relações de confiança com a comunidade onde se atua e seus apoiadores, além de dar maior visibilidade e tornar público — ou mais transparente — o trabalho desenvolvido pelos grupos comunitários.

Telma Rocha (2004:5) observa que:

> para que a organização siga defendendo uma causa, não basta trabalhar. É necessário que o trabalho da organização seja feito com a participação e apoio da sociedade, que a comunidade se alie a esse trabalho, que o conselho da instituição seja atuante, que os funcionários comentem com as pessoas o orgulho que têm em participar dessa causa. Muitas organizações da sociedade civil são vulneráveis, pois normalmente elas são apoiadas por um número pequeno de doadores internacionais ou governamentais e possuem uma pequena ou nenhuma base de apoio popular na sociedade onde atuam, além de seus beneficiários.

Assim, podemos apontar as seguintes razões para a captação de recursos para projetos comunitários:

- viabilizar a implementação;
- viabilizar a manutenção;
- minimizar a vulnerabilidade;
- garantir a sustentabilidade;
- promover o fortalecimento institucional;
- legitimar o trabalho junto à comunidade e públicos de interesse;
- alavancar novas parcerias.

A captação de recursos também concorre para a construção da credibilidade do trabalho desenvolvido. Helda Abumansur e Mary Hardwick (2002) destacam que receber um investimento indica que alguém de fora tem boa impressão do trabalho e está disposto a investir no seu sucesso, o que pode influir na credibilidade e na confiança de outras instituições ou pessoas para também investirem.

Como captar recursos?

As autoras afirmam que as atividades que contribuem para o trabalho de captação de recursos dependem de três fatores principais: justificativa, liderança e pesquisa de doadores potenciais, a saber:

- justificativa — é o motivo por que se está arrecadando e mobilizando recursos. Esse fator será estabelecido pelas características da necessidade social que o projeto atende, a abrangência dessa necessidade, as metas do trabalho proposto, a história, a visibilidade e a credibilidade que a ação desenvolvida ou a organização que a gere possuem junto à comunidade. Em geral, a justificativa da captação está explicitada no projeto elaborado, como visto no capítulo 1, para orientar e viabilizar a ação pretendida;
- liderança — é a capacidade dos líderes do projeto em conduzir processos, garantir engajamento e compromisso tanto dos funcionários/voluntários quanto dos vários setores da comunidade, e influir localmente para conseguir recursos;
- pesquisa de apoiadores potenciais — é o levantamento de pessoas, instituições ou programas de financiamento que o projeto identifica como potenciais

apoiadores do seu trabalho e da natureza do apoio que se deseja (financeiro ou não-financeiro).

Para o sucesso da atividade de captação e mobilização de recursos, o projeto deve garantir ainda a elaboração de um plano estruturado e concebido para essa finalidade, investir na sua rede de contatos e relacionamentos, buscando sempre ampliá-la, e pedir o apoio de acordo com o porte e a disponibilidade do potencial financiador.

O planejamento estruturado, concebido para essa finalidade, contribui para que as etapas de trabalho e atividades necessárias para uma ação de captação e mobilização de recursos sejam claras; que o perfil das organizações ou pessoas que têm potencial para apoiar o projeto esteja bem definido; que os objetivos e metas da captação possam ser facilmente explicados, pois assim serão mais fáceis a demonstração dos gastos realizados com os recursos captados e a prestação de contas. Dada a importância do planejamento nesse processo, dedicaremos um espaço maior a esse tema a seguir.

A rede de relacionamentos da comunidade, e da pessoa responsável pela captação de recursos, também é um fator relevante para essa atividade. São as relações de confiança estabelecidas nessa rede — em especial, o conhecimento e o reconhecimento da seriedade das equipes envolvidas ou do trabalho realizado — que respaldarão o acesso às oportunidades identificadas, seja pela indicação, seja pela referência que possam dar. Investir na qualidade e na expansão da rede de relacionamentos é uma atividade permanente para a qual a comunidade deve ter um olhar atento.

A adequação do pedido ao porte, ou seja, ao tamanho da instituição que será procurada, apresenta-se como um elemento que merece especial consideração para que o captador não corra o risco de "dar um tiro de canhão para matar uma mosca", como diz o ditado popular. Se a necessidade do projeto é pequena, seja em recursos financeiros, seja em recursos não-financeiros, o ideal é buscar o apoio junto às pequenas empresas e negócios que integram a rede de relacionamento, às vezes presente na própria comunidade; se a demanda for grande, busca-se então as instituições ou pessoas que têm maior disponibilidade de recursos.

Abumansur e Hardwick (2002:31) apontam ainda que, "para ser bem-feita, a captação de recursos deve envolver um número de atividades que vai desde a análise e planejamento, passando por pesquisa, construção de relacionamento, valorização dos doadores e prestação de contas".

Rocha (2004) acrescenta a importância de concentrar a abordagem na relevância da causa defendida pelo projeto e, para isso, sugere que as organizações da sociedade civil e grupos comunitários, para captar e mobilizar recursos, devem desenvolver habilidades para:

- identificar e comunicar a importância da sua causa;
- identificar e comunicar o diferencial de seu trabalho e suas atividades;
- identificar e engajar públicos-alvo bem definidos;
- aumentar a consciência e a atenção do público à causa;
- desenvolver ações para aumentar o apoio do público à causa;
- desenvolver técnicas para medir o apoio do público à causa.

Ou seja, a autora considera importante que o projeto esteja enraizado na sociedade onde atua.

Concluímos então que, para captar recursos, é necessário: um projeto consistente (justificativa), atitude (liderança), conhecimento do ambiente onde se captará o recurso (pesquisa de apoiadores potenciais), um plano (planejamento estruturado para a captação), contatos (rede de relacionamento), coerência entre pedido e apoiador (adequação do porte do pedido ao porte do apoiador) e uma causa fundamentada (ver figura 12).

Figura 12
Captação de recursos

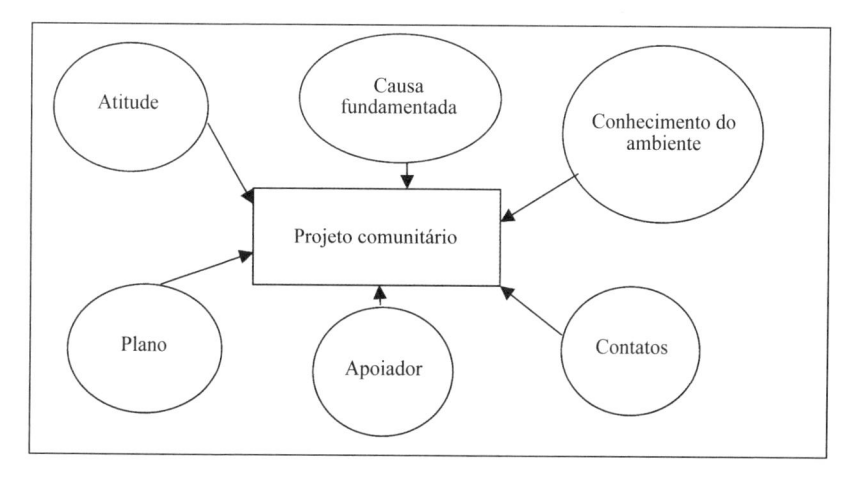

Neste capítulo, apresentaremos os fundamentos teóricos básicos dessa atividade, as diferentes fontes de recursos que podem ser consideradas pelo projeto captador, além das etapas necessárias para um planejamento eficaz dessas ações. Daremos ênfase especialmente às ações que podem ser desenvolvidas para buscar o apoio de pessoas e/ou instituições.

Essas três funções serão explicitadas neste capítulo, conforme o quadro 36.

Quadro 36
Processo de captação de recursos e suas funções básicas

CAPTAÇÃO	PLANEJAMENTO	▫ Diagnóstico e análise ▫ Estruturação ▫ Pesquisa ▫ Sensibilização ▫ Pedido ▫ Valorização e agradecimentos ▫ Prestação de contas
	FONTES	▫ Principais fontes ▫ Eventos especiais ▫ Iniciativas de geração de renda ▫ Voluntariado
	OUTROS ASPECTOS	▫ Quando captar recursos ▫ Quem deve captar recursos ▫ Fidelizar apoiadores e construir alianças e parcerias sólidas ▫ Ética na captação de recursos

Planejamento

O planejamento das ações a serem encaminhadas é um processo decisivo para a captação de recursos. A captação e mobilização devem ser atividades contínuas, ou seja, devem acontecer durante todo o ano, e não apenas em momentos pontuais. Assim, devem ser planejadas e estudadas, analisando-se a viabilidade e adequação tanto dos apoios que são possíveis quanto daqueles que são desejáveis.

Abumansur e Hardwick (2002) apontam os principais elementos que constituem um ciclo planejado de captação de recursos, conforme a figura 13.

Figura 13
O ciclo de captação de recursos

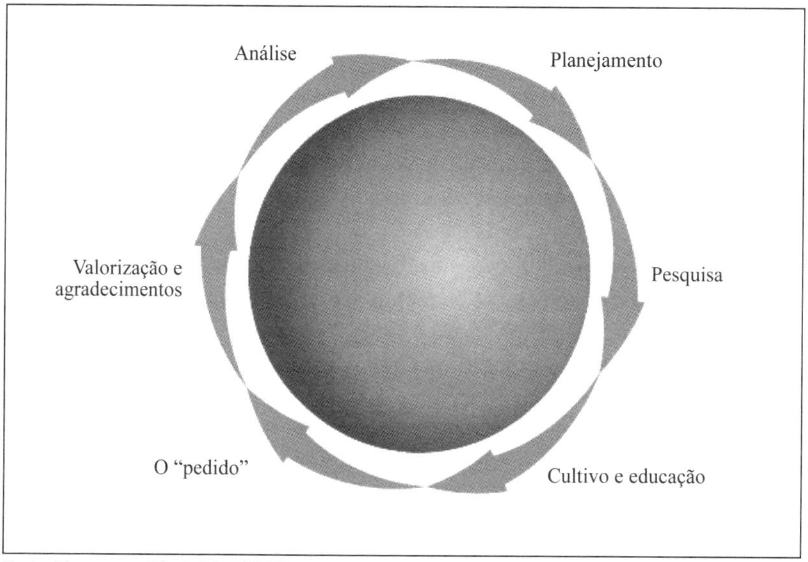

Análise
Planejamento
Valorização e agradecimentos
Pesquisa
O "pedido"
Cultivo e educação

Fonte: Abumansur e Hardwick, 2002:31.

Diagnóstico e análise

É a fase de levantamento de informações sobre a captação de recursos. É nessa etapa do planejamento que a comunidade listará todas as demandas existentes, ou seja, o conjunto de recursos de que precisa para atuar ou implementar o projeto, tanto os financeiros quanto os não-financeiros; pesquisará todas as organizações e pessoas do bairro, da cidade, do estado, do país ou mesmo estrangeiras, que integram a sua rede de relacionamentos ou com as quais algum contato da rede pode ter acesso; e fará uma análise dos pontos fortes e dos pontos fracos que possui, dos fatores que representam uma oportunidade ou um risco para as pessoas responsáveis pelo projeto buscarem recursos com um ou outro apoiador.

Estruturação

A estruturação da captação de recursos pressupõe que o projeto para o qual esta atividade se propõe já esteja elaborado e, então, a visão, os objetivos, a justificativa e os métodos de ação já estão definidos. O projeto elaborado e bem fundamentado é a matéria-prima da captação de recursos. Nesse momento, o projeto definirá quais organizações ou pessoas serão contatadas, o que será pedido a cada uma e qual abordagem será utilizada para cada potencial parceiro. A estruturação também deverá conter uma programação das atividades com prazos estipulados (quando os contatos ou as atividades serão realizados); definirá quem fará cada atividade ou contato e como será esse encaminhamento; determinará o orçamento disponível para a captação de recursos (telefonemas, reuniões etc.); e como as atividades previstas serão monitoradas e acompanhadas. Criatividade e inovação são fatores que distinguem uma iniciativa de outra e propostas criativas e inovadoras saem na frente junto aos apoiadores.

O plano é importante, pois garante o alinhamento e a coesão de todas as pessoas que estiverem envolvidas na atividade, além de permitir o acompanhamento da execução, avanços, facilidades ou obstáculos encontrados no decorrer do cumprimento das ações previstas.

Steur (s.d.) destaca que, ao estruturar o trabalho de captação, deve-se lembrar que freqüentemente poucos apoiadores dão muito e muitos dão pouco. Segundo ele, uma proporção recorrente em diversos países é que 10% das doações principais representam 60% da meta de captação.

Outra abordagem que merece atenção, e que exemplifica o processo e contribui para a análise do planejamento da captação de recursos, é a pirâmide de captação, também proposta por Abumansur e Hardwick (figura 14).

Figura 14
Pirâmide de captação

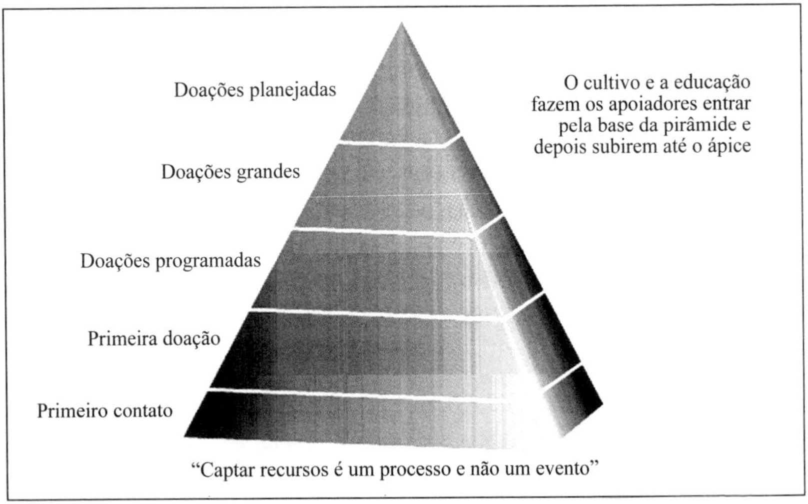

Doações planejadas

Doações grandes

O cultivo e a educação fazem os apoiadores entrar pela base da pirâmide e depois subirem até o ápice

Doações programadas

Primeira doação

Primeiro contato

"Captar recursos é um processo e não um evento"

Fonte: Abumansur e Hardwick, 2002:29.

Nesse modelo, considera-se a proporção de 80% dos recursos captados virem de não mais que 20% dos apoiadores.

Pode-se visualizar, na figura 14, a natureza das várias atividades de captação que um projeto pode desenvolver. Abumansur e Hardwick (2002) destacam que o processo de captação de recursos de um projeto pode ser considerado maduro e estruturado quando há atividades e iniciativas voltadas para cada um dos níveis da pirâmide. Ou seja, há sempre e simultaneamente em andamento uma atividade que vise ao primeiro contato, outra que garanta a primeira doação, outras que focalizem as atividades programadas e assim por diante.

Algumas considerações sobre cada um dos níveis da pirâmide:

❏ primeiro contato — busca um envolvimento preliminar com o potencial apoiador ou parceiro. É quando o apoiador ou parceiro conhecerá a causa à qual a comunidade se dedica e os projetos/iniciativas por ela gerenciadas. Nesse contato pode haver uma doação por impulso, mas a continuidade e o engajamento da relação não são garantidos;

❏ primeira doação — ocorre quando a pessoa ou empresa efetua o segundo aporte de recursos, ou seja, o primeiro consciente e não por impulso, após o primeiro contato com a organização;

❏ doações programadas — são aquelas que acontecem com regularidade mensal, bimestral, semestral ou anual;

❏ doações grandes — o que será considerado uma doação grande é definido pela organização e varia de uma instituição para outra, dependendo do seu porte, das suas metas;

❏ doações planejadas — nesse nível considera-se que o engajamento do apoiador com o projeto é forte e ele possui, inclusive, preocupação com a continuidade do trabalho. Apoiadores que deixam patrimônio para garantir a sustentabilidade de um projeto são um exemplo que se encaixa nesse perfil.

Pesquisa

É o levantamento dos potenciais parceiros, financiadores etc. Deve-se disponibilizar tempo para investigar e pesquisar todas as informações possíveis sobre cada potencial parceiro e analisá-las cuidadosamente, casando-as com as demandas do projeto.

É nessa fase que o projeto selecionará as pessoas ou instituições com as quais efetivamente fará contato e buscará informações que contribuirão com a forma de abordagem que será dada a cada contato. Nessa fase de pesquisa, deve-se considerar e analisar as possibilidades de parcerias com pessoas e organizações que atuem em todos os setores da sociedade: empresas, comerciantes da comunidade, governo e outras organizações sem fins lucrativos.

Sensibilização

Esta fase tem por objetivo destacar e reforçar a importância da causa com a qual a comunidade trabalha, bem como a sua importância social, e estimular o interesse pelo projeto que está sendo desenvolvido. A finalidade de ações direcionadas para a causa é desenvolver relacionamentos, mobilizar meios de comunicação (rádios comunitárias, informativos ou jornais do bairro, por exemplo) e sensibilizar os diversos públicos de interesse, fazendo com que percebam a importância da sua contribuição, criando um ambiente de predisposição para o apoio pretendido.

Pedido

Pedir é o ponto crucial de todo o processo. O que se pedirá a quem já foi definido neste planejamento. O importante neste momento é o cuidado com a abordagem inicial que será feita ao potencial apoiador: ela deve abrir espaço para troca de idéias e aprendizado coletivo, e a pessoa responsável pelo contato deve ter disponibilidade para ouvir e objetividade para falar. Na hora de fazer o pedido, é importante ter em vista todo o leque de necessidades do projeto, pois, eventualmente, durante a conversa pode-se perceber que a organização tem abertura para contribuir ou apoiar questões que não foram relacionadas a ela na hora da estruturação. É importante casar interesses da instituição apoiadora com interesses do projeto, mantendo o cuidado permanente para não alterar ou mudar o projeto, a partir de solicitações ou imposições da instituição contatada. Deve-se ter em mente que algumas concessões podem ser feitas por ambas as partes, mas a essência do trabalho e a autonomia quanto à gerência do projeto não podem estar em jogo.

Valorização e agradecimentos

Agradecer e mostrar a importância do apoio recebido é essencial para solicitar, depois, a continuidade do apoio da pessoa ou da instituição ao projeto. São várias as formas de valorizar e agradecer: telefonemas, cartões, visitas. Há também aquelas comunidades que organizam eventos anuais de confraternização, reunindo todas as organizações e pessoas que a apoiaram, para mostrar os avanços dos projetos e os resultados alcançados no período.

Prestação de contas

Aos seis pontos propostos por Abumansur e Hardwick (2002), acrescentaremos um sétimo: a prestação de contas, que pode estar vinculada às ações de agradecimento e valorização. A prestação de contas regular dá transparência à gestão do projeto e influi positivamente na construção de confiança entre as partes. As pessoas responsáveis pela gestão do projeto podem definir a periodicidade com a qual se deseja fazer a prestação de contas, se anual, semestral, bimestral ou mensal. A prestação de contas realizada em períodos menores de tempo contribui para dar visibilidade ao projeto e mantê-lo sempre presente na memória do apoiador. A gestão do projeto pode adotar vários modelos para a prestação de contas: envio de e-mails, malas diretas, folhetos, cartas, relatórios. Pode ser utilizada mais de uma dessas formas em suas estratégias: mandar e-mails mensais ou bimestrais e um relatório anual, consolidando todas as atividades desenvolvidas e valores aplicados, por exemplo. Maiores detalhes sobre prestação de contas foram vistos no capítulo 3, quando abordamos a administração de recursos financeiros.

Resumindo, o planejamento da captação de recursos deve ser estruturado e deve considerar: o objetivo da captação; os apoios financeiros e não-financeiros que podem contribuir com o projeto; a potencialidade local para contribuir (negócios do bairro, da cidade e do estado onde o projeto atua); a possibilidade de construir parcerias com todos os setores da sociedade (público, privado, indivíduos e organizações não-governamentais); a busca de aspectos inovadores e criativos que sejam atrativos para os potenciais financiadores.

Ademais, é importante a elaboração de um cronograma de atividades e a definição das pessoas que as cumprirão, incluindo pesquisa, valorização e agradecimento do apoio recebido, sensibilização dos diversos públicos e prestação de contas.

Fontes

São diversas as fontes de recursos que podem ser procuradas, sondadas e implementadas.

Principais fontes

- governos (municipal, estadual e federal);
- empresas (pequenas, médias e grandes; valorizar os negócios localizados próximo à comunidade);
- indivíduos;
- instituições religiosas;
- agências de cooperação internacional;
- eventos especiais;
- projetos de geração de renda;
- voluntariado.

Entre essas fontes, deve-se considerar especialmente:

- governos (municipal, estadual e federal) — nas várias instâncias de governo, existem programas que visam ao financiamento de iniciativas culturais, sociais, educativas, entre outras. Para captar recursos nesse segmento, é importante conhecer as políticas públicas de cada governo para a área de atuação do projeto comunitário e, a partir daí, identificar os programas com os quais a comunidade pode ter afinidade. Em geral, para firmar parcerias com o governo e beneficiar-se de recursos públicos para a implementação de iniciativas, as organizações sem fins lucrativos devem atender a um conjunto de critérios mínimos que podem variar entre as cidades e os estados;[8]
- empresas — cresce a cada ano o número de empresas que apóiam projetos sociais e culturais. Algumas possuem linhas bem definidas e processos estruturados para selecionar os projetos que apoiarão. Outras atuam de acordo com a demanda que recebem, definindo ano a ano as áreas de apoio ou o volume de recursos que será disponibilizado para esse fim. Para captar recursos junto a empresas, é importante que as lideranças do projeto comunitário façam um levantamento de todas as empresas ou negócios que funcionam próximo à

---

[8] Para obter informações adicionais sobre captação de recursos junto a governos, sugerimos a publicação *Manual de fundos públicos*, elaborada pela Associação Brasileira de Organizações Não-Governamentais (Abong). Atualizada anualmente, apresenta às organizações da sociedade civil as alternativas de financiamento público para seus projetos. Informações disponíveis no site: <www.abong.org.br>.

área de atuação do projeto, bem como identifiquem as empresas que apóiam projetos ligados à sua temática (social, cultural, educativa, geradora de renda etc.);[9]

- indivíduos — pessoas físicas também são uma importante fonte de apoio. Em geral, essas doações são captadas a partir do círculo de relacionamento das pessoas que trabalham no projeto, que indicarão outras, que por sua vez indicarão outras mais, construindo, a partir desse núcleo, uma rede de apoiadores. Alguns projetos "mais maduros" dispõem de uma área de telemarketing especializada no contato com doadores e na busca de novas doações.

Eventos especiais

São eventos promovidos com a finalidade de captar recursos, ou seja, toda a renda obtida na realização desse evento será destinada à execução das atividades do projeto. São exemplos de eventos especiais: bingos comunitários, gincanas, festas ou jantares beneficentes, quermesses, bazares, shows etc. Ao realizar um evento com o objetivo de captar recursos, também é importante organizar a prestação de contas detalhada, apresentando o valor que cobriu a realização do evento e o valor que será efetivamente destinado aos projetos.

Iniciativas de geração de renda

São iniciativas desenvolvidas com o objetivo de gerar renda para manutenção do projeto. A venda de camisetas com a logomarca do "Projeto de Horta Orgânica" é um exemplo de iniciativa dessa natureza, pois a renda gerada com a comercialização dessas camisetas pode ser reinvestida no próprio projeto, promovendo o aumento tanto da capacidade quanto da qualidade da produção.

Voluntariado

O apoio de voluntários é um recurso potencial para os projetos e deve ser considerado tanto no âmbito estratégico (contribuir com a estruturação do projeto,

---

[9] No livro *Recursos privados para fins públicos — as* grantmakers *brasileiras*, publicado em 2001 pelo Grupo de Institutos e Fundações Empresariais (Gife) em parceria com o Instituto Synergos, Andrés Falconer e Roberto Vilela relacionam diversas empresas e fundações empresariais e suas respectivas áreas de investimento social.

do plano de captação de recursos, da revisão das ações previstas etc.) quanto no âmbito operacional (realização de atividades-meio ou atividades-fim previstas no projeto, como contabilidade, comunicação, desenvolvimento de sistemas etc.). O projeto que decide trabalhar com apoio de voluntários deve investir um tempo para definir e planejar o tipo de apoio que deseja receber e escolher uma pessoa no projeto para cuidar da gerência dos voluntários. Um dos pontos importantes a ser considerado é a clareza, a definição exata, em relação às tarefas que serão executadas pelo trabalho voluntário e aquelas que competem aos funcionários do projeto.[10]

Vale ressaltar a importância de identificar fontes de recursos em todos os âmbitos: local (no quarteirão, no bairro, na cidade), estadual, nacional ou internacional. Essa decisão também será feita no plano de captação e dependerá do objetivo e do porte do projeto.

Outros aspectos

Quando captar recursos

O processo de captação de recursos é permanente e não deve cessar nunca, aproveitando-se todas as oportunidades condizentes com o planejamento desenhado para essa finalidade, o perfil do potencial apoiador e seu alinhamento com a causa. No entanto, observa-se que os projetos mais bem-sucedidos possuem e seguem um cronograma anual básico de ações.

Quem deve captar recursos

A captação ou mobilização de recursos pode ser feita pela comunidade ou por um profissional contratado especificamente para esse fim.

Quanto maior for o número de pessoas que trabalham no projeto que estiverem envolvidas com a captação de recursos, melhor será o resultado alcançado ao final desse processo.

É importante que a comunidade compreenda que o esforço deve ser coletivo, bem planejado e coordenado. Para garantir a implementação de todas as

---

[10] Há uma série de livros, estudos e documentos que orientam as organizações em relação ao planejamento do trabalho voluntário. Informações sobre esse assunto estão disponíveis no site <www.portaldovoluntario.org.br>, onde se encontra também uma relação de links para páginas da internet que tratam do assunto, além de referências bibliográficas sobre o tema.

ações, bem como a sua coordenação e coerência, é necessário a definição de um coordenador-geral que possa responsabilizar-se pelo acompanhamento de todas as atividades previstas e que discutirá, com aqueles que estiverem engajados no processo, as facilidades, as dificuldades e os encaminhamentos que podem ser dados às situações que surgirem.

Fidelizar apoiadores e construir alianças e parcerias sólidas

Fidelizar um apoiador é uma tarefa de médio e longo prazo, construída a partir das relações de confiança estabelecidas no decorrer do processo. Para construir essa relação, a principal atitude é a transparência, obtida por meio de ferramentas como: a prestação de contas periódica; os depoimentos das pessoas que se beneficiam do projeto; e o contato ou proximidade do apoiador com o projeto e a comunidade.

O conceito de alianças e parcerias incorpora a construção de relações de troca, benéficas para ambas as partes, baseadas em interação contínua, aprendizagem e desenvolvimento mútuo em torno de um tema ou ação de interesse comum às partes.

Fischer (2002) destaca que as alianças e parcerias podem constituir-se em um modelo eficaz de atuação social: na medida em que promovem sinergia entre as competências essenciais de todos os atores envolvidos no processo, as alianças criam espaços para o fortalecimento da cidadania.

Embora tratemos o assunto de forma conjunta, é importante destacar que existe uma distinção entre o que é aliança e o que é parceria. Lins (2001:59) aponta os seguintes aspectos que caracterizam um tipo, ou outro, de relacionamento entre organizações e comunidades:

> Parceria: nesse contexto o autor da idéia busca suporte para o planejamento e desenvolvimento do projeto junto a outras organizações ou profissionais nos quais identifica similaridade de objetivos e possibilidades de compartilhar idéias. Para a autora, há uma relação de reciprocidade estabelecida desde o início entre as partes e a base da relação é o uso racional de recursos e competências para um fim comum. As parcerias costumam ter como foco projetos específicos com prazo de início e fim, sendo que sua finalização, em geral, está vinculada ao cumprimento das metas desenhadas para o projeto.
>
> Alianças: essa abordagem prescinde o compartilhamento de crenças e valores que antecedem o estabelecimento do relacionamento entre as

organizações. São úteis e identificadas principalmente quando as partes se dispõem a enfrentar problemas sociais complexos e difíceis de serem superados sem a união de forças. A aliança está vinculada a uma causa maior, envolve relações de confiança bem estruturadas, tem maior durabilidade no tempo e leva os integrantes ao planejamento e implementação de diversas ações ou iniciativas em parceria.

A identificação e a seleção de parceiros é um aspecto que também demanda critérios e planejamento. Embora toda organização seja um potencial parceiro ou aliado, nem todas serão adequadas para estabelecer parcerias ou construir alianças de longo prazo. Essa adequação é diretamente relacionada à missão, à visão e principalmente aos valores que regem cada organização. Parcerias ou alianças entre organizações que possuem valores diferentes são marcadas por processos difíceis, dolorosos e freqüentemente frustrantes, uma vez que, quando há um problema, um conflito ou uma situação a ser negociada, os valores que orientarão a forma de cada organização se posicionar são diferentes.

Entre os aspectos importantes para identificar e selecionar parceiros, deve-se considerar os que se seguem.

❏ Identificar organizações que trabalhem com idéias compatíveis com o tema e o objetivo do projeto: essa identificação contribui para direcionar esforços e energia para a construção de parcerias e alianças. Um exemplo: se o seu projeto atua com o tema da criança e é voltado para atividades que reforcem a educação nas escolas, contatar uma organização que apóia projetos de geração de renda para adultos é perda de tempo. Procure instituições que já naveguem no mesmo barco temático ao qual o seu projeto se dedica.

❏ Buscar no parceiro qualidades e forças que faltam ao projeto ou à comunidade: uma das premissas para a construção de parcerias de sucesso é a complementaridade, ou seja, aquilo que uma organização tem e outra não tem, mas o conhecimento de cada uma é desejado e necessário para a outra. Se o seu projeto possui alta capacidade de mobilização na comunidade, ou de realização de atividades sociais, você pode buscar uma empresa que esteja precisando desse tipo de conhecimento. A partir daí, juntos podem construir as bases da relação e da parceria. O que a sua comunidade ganhará em troca desse conhecimento? Ela pode negociar tanto recursos financeiros quanto recursos não-financeiros, tais como incentivo à participação de pessoas para o voluntariado, apoio ao planejamento estratégico, capacitação da equipe para melhor gerência das finanças, entre tantas outras possibilidades. O importante é que a relação seja de ganha-ganha, quer dizer, ambas as partes se beneficiem com a parceria.

❑ Saber escolher o parceiro: nem todas as instituições ou pessoas são parceiras adequadas. Já abordamos essa questão, mas vale dizer que as instituições adequadas para serem parceiras de determinada comunidade devem compartilhar valores comuns.

❑ Buscar familiaridade com os diversos segmentos da sociedade: é importante que a comunidade saiba se relacionar com todos os públicos que compõem o espectro social. Conhecer as características e a forma de trabalhar do setor público, do setor privado e do próprio terceiro setor é fator decisivo na construção de propostas de parceria que tenham um potencial de sucesso. Antes de buscar o potencial parceiro, as comunidades devem identificar características de cada setor, interesses e motivações, bem como conhecer e entender a linguagem que cada um utiliza, quais informações e abordagens são fundamentais para cada público e, a partir desse conhecimento, respeitar as especificidades inerentes a cada setor.

❑ Ter sensibilidade para perceber expectativas e necessidades do potencial parceiro: a habilidade para escutar o que o outro está dizendo também é um fator-chave nesse processo. Muitas vezes algumas colocações que o potencial parceiro faz podem indicar ações ou iniciativas que sejam de seu interesse e para as quais sua organização pode sugerir uma proposta para atuação conjunta. A maioria das empresas deixa claro aquilo de que precisa, o que deseja, o que lhe interessa e o que não lhe interessa. Mesmo assim, há comunidades que não conseguem fazer uso dessas informações e, indevidamente, seguem caminhos equivocados de abordagem, enfatizando ou insistindo em aspectos do projeto que não motivam ou não interessam ao potencial parceiro.

López (2005)[11] relaciona 10 fatores-chave para estruturar o processo de construção de alianças e parcerias. Embora o enfoque do seu estudo seja a

---

[11] A publicação *Reflexões da prática — como articular parcerias entre organizações da sociedade civil e do empresariado* foi produzida a partir da análise de quatro experiências bem-sucedidas, protagonizadas por organizações do terceiro setor, que utilizam o relacionamento com empresas como fator de impulsão para sua sustentabilidade. Os 10 princípios orientadores identificados por López, e aqui relacionados, representam fatores comuns, presentes nas quatro iniciativas. O texto completo está disponível em pdf para download no site <www.avina.net>.

relação entre empresas e terceiro setor, pode-se dizer que os princípios por ela relacionados têm abrangência universal e aplicam-se a todos os tipos de parceria, incluindo aquelas dentro de um mesmo segmento ou entre pessoas físicas.

- *Identificar e contatar a pessoa certa na empresa.* A pessoa-chave é aquela que tem poder de influência e decisão na empresa e que pode fazer o processo e a negociação avançarem. Em uma mesma empresa, essa pessoa pode variar em função do objetivo da proposta de parceria. Uma rede de contatos empresariais, interessados pela causa de sua organização, é uma grande ferramenta para chegar a pessoas-chave.

- *Buscar o ganho eqüitativo para as partes.* A parceria deve trazer ganhos para a comunidade, para a instituição parceira e para a sociedade como um todo. Uma parceria é uma ação conjunta em resposta a necessidades identificadas também conjuntamente. Essas necessidades são os interesses comuns, os pontos de convergência entre parceiros tão diversos.

- *Apostar no profissionalismo e na credibilidade.* A credibilidade da comunidade e da instituição apoiadora no mercado, assim como o profissionalismo da organização social e a conseqüente excelência dele derivada, são elementos fundamentais para estabelecer e consolidar parcerias.

- *Garantir a clareza de cada pessoa envolvida na parceria.* Toda parceria deve ter um contrato que deixe claro o comprometimento, o papel e as responsabilidades de cada um, bem como as metas e resultados esperados do trabalho conjunto. Esse mecanismo reduz eventuais frustrações geradas por falsas expectativas e, portanto, também contribui para a consolidação da parceria.

- *Manter a transparência e a confiança durante todo o processo.* Construção de confiança é um elemento-chave para qualquer relação. A transparência em todo o processo de parceria — construção, acompanhamento e consolidação — é a ferramenta básica para desenvolver laços de confiança.

- *Cultivar o relacionamento pessoal.* Por trás de qualquer instituição — social ou empresarial — sempre há pessoas, daí a importância de cuidar das relações interpessoais. As relações interpessoais devem procurar construir admiração, respeito, confiança, realização e contentamento, mantendo a comunicação sempre franca, clara e transparente.

- *Comunicar: um ponto-chave.* Se parcerias são relações, então a comunicação é a ferramenta que conecta, constrói e reforça os vínculos entre as partes. Ela também é uma aliada nos quesitos divulgação dos resultados, visibilidade dos parceiros e manutenção da transparência.
- *Conquistar pela causa.* A causa da comunidade é seu maior ativo: é ela que, adequadamente, identifica, comunica e consolida os interesses comuns. Conquistar parceiros para projetos é, primeiro, atraí-los para a causa.
- *Perseverar e avançar.* Parcerias são relações e cada uma é específica e se dá em determinado contexto. Portanto, algumas não se concretizam, enquanto outras prosperam e se consolidam. Como cada caso é um caso, respostas negativas não podem ser generalizadas. É seguir e prospectar em outras frentes.
- *Mostrar resultados e divulgar parcerias.* A imagem construída pela organização social junto a seu parceiro, obtida a partir da apresentação e divulgação dos resultados alcançados — ou seja, aquilo que fez a diferença para os beneficiários do projeto —, é fundamental para atrair o empresário à causa e à concretização de parcerias.

Ética na captação de recursos

Quando os projetos comunitários começam um trabalho planejado e constante de captação e mobilização de recursos, devem refletir e amadurecer a visão que a comunidade tem sobre processos dessa natureza e instituir uma política de captação que defina as regras básicas da busca por apoiadores, definindo o objetivo da captação, as estratégias e linhas de ação que serão adotadas, o tipo de financiador que se pretende atingir, a qualidade da relação que se pretende estabelecer com os financiadores, a gestão dos recursos e as formas de prestação de contas.

Abumansur e Hardwick (2002) destacam que o debate sobre "com quem captamos e com quem não captamos recursos" é um dos pontos iniciais para garantir que o trabalho seja bem conduzido, que os apoiadores estejam alinhados com os propósitos da organização e que exista autonomia entre as partes, ou seja, que o financiador não influencie, defina, ou altere, de acordo com seus interesses privados, a natureza e o escopo do projeto.

Alguns projetos fazem a captação direta e outros optam pela contratação de um profissional externo ao seu quadro de funcionários, especializado nessa função. Em ambos os casos, é importante conhecer o código de ética[12] do captador de recursos, que indica os seguintes cuidados básicos que o profissional deve ter:

❏ respeitar incondicionalmente a legislação vigente no país;
❏ receber pelo seu trabalho apenas remuneração preestabelecida;
❏ respeitar o sigilo das informações sobre os doadores obtidas em nome da organização na qual ou para a qual trabalha;
❏ exigir da comunidade para a qual trabalha total transparência na gestão dos recursos captados;
❏ cuidar para que não existam conflitos de interesse no desenvolvimento de sua atividade;
❏ respeitar e divulgar o Estatuto dos Direitos do Doador;[13]
❏ estar comprometido com o progresso das condições de sustentabilidade do projeto, seja funcionário ou voluntário.

A esses cuidados, acrescentamos ainda: a importância do compromisso do captador com a causa com a qual trabalha, ou seja, a identificação que ele tem com a missão ou propósito do projeto, o conhecimento e as reais necessidades da comunidade; os critérios e procedimentos adotados para abordar, solicitar, negociar, cumprir acordos, prestar contas e encerrar parcerias; a relação de confiança entre a equipe de trabalho e os financiadores.

Em síntese, toda comunidade, para viabilizar sua missão e seus projetos, precisa obter recursos. Portanto, captar e mobilizar recursos são importantes atividades que devem ser compreendidas, assimiladas e realizadas, mesmo que indiretamente, por toda gestão comunitária.

Todas as atividades que integram o processo de captação de recursos devem ser planejadas e o ciclo de planejamento envolve levantamento de dados, análise dos dados, seleção das organizações que serão contatadas e definição da abordagem. Para que o trabalho seja consistente, deve-se implementar um cronograma detalhado que inclua todas as atividades arroladas pelo projeto, inclusive a prestação de contas sobre a aplicação dos recursos captados.

---

[12] No Brasil, a atividade é regulamentada pela Associação Brasileira de Captadores de Recursos (ABCR). O texto completo do código de ética do captador está disponível no site da associação: <www.abcr.com.br>.
[13] Também disponível no site da ABCR.

A captação e mobilização de recursos, bem como a construção de alianças e parcerias, são processos com desafios que têm exigido das comunidades capacidade de inovar e renovar, além da flexibilidade para adaptar-se às situações e oportunidades que lhes são apresentadas, sem, no entanto, afastar-se dos valores e da missão dos projetos desenvolvidos ou com eles conflitar-se.

Caso prático

A seguir, apresentamos um exemplo prático que visa contribuir para a consolidação dos conceitos desenvolvidos neste capítulo, com um modelo de planejamento de captação de recursos.

Para facilitar a compreensão, tomaremos por base o mesmo projeto utilizado no caso prático que exemplifica a implementação da biblioteca comunitária em uma zona urbana.

O exemplo enfatiza especialmente o planejamento da captação de recursos para a fase de manutenção do projeto, após a sua implementação.

Diagnóstico e análise

Depois de fazer o levantamento dos itens necessários à manutenção da biblioteca, procede-se à listagem de parceiros potenciais, indicando os contatos que devem ser estabelecidos (quadro 37).

Quadro 37
Planejamento para a manutenção da biblioteca

Demandas para a manutenção da biblioteca	Natureza dos potenciais parceiros	Especificação dos contatos a serem realizados
Novos livros	Livrarias da comunidade, editoras de livros com sede na cidade, moradores da comunidade	Livraria Leia Mais Livraria O livro é meu Editora Leituras e Letras Editora Oficial
Assinatura de revistas	Editoras, distribuidores das revistas e moradores da comunidade	Editora Todo Dia Editora Leituras e Letras Editora Revistas
Assinatura de jornais	Editores, distribuidores e moradores da comunidade	Editora Revistas

Continua

Demandas para a manutenção da biblioteca	Natureza dos potenciais parceiros	Especificação dos contatos a serem realizados
Assinatura de outros periódicos	Editores, distribuidores e moradores da comunidade	Universidade A Universidade B
DVDs	Vídeoclubes, distribuidoras de vídeos	Vídeos e tudo mais
Fitas de vídeo	Vídeoclubes	Vídeos e tudo mais
Material de escritório	Papelaria, comércio local, moradores da comunidade	Papelaria A Papelaria B
Material de limpeza	Comércio local e moradores da comunidade	Extra Supermercado Outros comércios do bairro
Bibliotecária	Estudantes de letras ou biblioteconomia	Universidade A Universidade B
Animador de leitura	Estudantes de letras ou biblioteconomia ou moradores da comunidade	Universidade A Universidade B

Todas as demandas aqui relacionadas podem ser conseguidas por doação financeira, de dinheiro para pagar as despesas, ou por recursos não-financeiros, como materiais necessários para as atividades e apoio voluntário.

Eventos especiais também podem ser criados, como uma semana do livro na comunidade, ou uma jornada de leitura, ou ainda uma gincana do descobrimento literário ou mesmo um bingo que vise arrecadar recursos financeiros para a compra de materiais.

Estruturação

Aqui, faremos a programação das atividades de captação com os prazos estipulados e as pessoas responsáveis para cada ação, bem como a forma de monitoramento e acompanhamento das ações.

Contatos com potenciais parceiros

No quadro 38, é apresentado o planejamento das atividades a serem realizadas para a captação de recursos.

Quadro 38
Programação das atividades de captação

Parceiro	Telefone	Contato	Ligar dia	Visitar dia	Responsável	Observações
Livraria Leia Mais	(21) 2222-2222	Maria — gerente de Vendas	10 outubro	11 outubro	Carla	Levar projeto, orçamento e contrapartidas
Livraria O Livro é Meu	(21) 3333-3333	Leonardo — gerente de Promoção	10 outubro	11 outubro	Carla	Levar projeto, orçamento e contrapartidas
Editora Livros Todo Dia	(21) 4444-4444	Adolfo — coordenador de Relacionamento com a Comunidade	10 outubro	12 outubro	José	Levar projeto, orçamento e contrapartidas
Editora Leituras e Letras	(21) 5555-5555	José Carlos — gerente de Vendas	10 outubro	14 outubro	José	Levar projeto, orçamento e contrapartidas
Editora Cultura Todo Dia	(21) 6666-6666	Eleonora — gerente de Promoção e Vendas	10 outubro	13 outubro	Eliane	Levar projeto, orçamento e contrapartidas
Editora Oficial	(21) 7777-7777	Adriana — gerente de Negócios	10 outubro	15 outubro	Eliane	Levar projeto, orçamento e contrapartidas
Universidade A	(21) 8888-8888	Paula — coordenadora de Letras	10 outubro	16 outubro	Cláudia	Levar projeto, orçamento e contrapartidas
Universidade B	(21) 9999-9999	Júlio — coordenador de Biblioteconomia	10 outubro	13 outubro	Pedro	Levar projeto, orçamento e contrapartidas

Obs.: Os nomes das empresas, telefones e contatos são fictícios.

Eventos especiais

Como exemplo de eventos especiais, sugerimos a organização de uma semana do livro, detalhada a seguir.

OBJETIVO

Promover o hábito da leitura na comunidade e posicionar a biblioteca comunitária como ponto de socialização entre os moradores.

Objetivos específicos

- Incentivar a leitura nas diversas faixas etárias da população.
- Divulgar novos livros para a população local.
- Promover debates entre autores e a comunidade.
- Gerar fluxo de pessoas na biblioteca comunitária.

Metas

- Realizar cinco atividades de leitura para adultos, baseadas em cinco temas diferentes.
- Realizar 10 atividades de leitura para crianças e adolescentes, com cinco temas diferentes (duas atividades por tema, uma em cada turno escolar).
- Trazer dois autores de livros para debater com a comunidade (um para os adultos e outro para o público de crianças e adolescentes).
- Elaborar uma dinâmica de gincana que gere fluxo na biblioteca comunitária.

Atividades

- Definir em que mês e em que data acontecerá a Semana do Livro.
- Definir em quais locais da comunidade os debates poderão acontecer.
- Definir os temas dos debates.
- Definir a estrutura dos debates: quantas pessoas participarão da mesa de debates, quem será o mediador, quanto tempo cada um terá para falar sobre o tema, como será a participação da comunidade no debate (se farão perguntas por escrito ou em voz alta, quem será o integrante da comunidade que participará na mesa de debates etc.).
- Definir os autores de livros que serão convidados (pensar em alternativas, caso os primeiros contatados não tenham disponibilidade de agenda) e como serão os debates.
- Definir a estrutura da conversa com o autor do livro e quanto tempo será dedicado a essa atividade; agendar uma hora para autógrafos na biblioteca da comunidade.
- Definir o público-alvo da gincana (se só crianças e adolescentes, se todos os moradores, se as famílias, se várias atividades para grupos etários diferentes), definir as atividades que serão realizadas, as regras do jogo, os prêmios e os responsáveis pela coordenação da gincana.

- Definir como, quando começará e onde será feita a divulgação da Semana do Livro (cartazes, folhetos, xerox, rádio comunitária, missas e cultos, faixas etc.).
- Calcular o orçamento necessário para a realização da Semana do Livro.
- Elaborar cronograma de atividades.
- Preparar as peças de divulgação da Semana do Livro (criar e produzir).
- Definir as estratégias de mobilização da comunidade (escola e moradores em geral).
- Definir as estratégias e as ações necessárias para buscar parceiros e materiais especificamente para esse evento (editoras, autores, comércio local etc.).
- Definir quais contrapartidas poderão ser oferecidas aos parceiros (placa na biblioteca, logomarca nos panfletos e cartazes, divulgação do apoio na rádio comunitária etc.).
- Fazer contatos com potenciais parceiros.

Esse evento pode ser realizado uma ou duas vezes ao ano — por exemplo, uma no primeiro semestre e outra no segundo semestre.

Sensibilização

> Por que é importante ler?
>
> A leitura é uma atividade que pode proporcionar tanto informação e conhecimento como prazer. O hábito da leitura contribui para a formação de cidadãos e para o desenvolvimento da comunidade, uma vez que, nas comunidades onde as pessoas lêem muito, elas são mais bem informadas, oferecem boas soluções para os problemas da sociedade local e verificam-se menores índices de violência.
>
> Apoiar e promover o hábito de leitura é investir na melhoria das condições de vida da sociedade local a médio e a longo prazo.

Esse é um exemplo de como a comunidade pode abordar os parceiros e defender a importância do apoio que pede para essa atividade. Pode-se também criar um *slogan* para promover o hábito de leitura na comunidade.

Valorização e agradecimentos

Sugerimos aqui atividades e um modelo de carta para demonstrar agradecimento por apoios recebidos pela comunidade.

Objetivo

Agradecer e mostrar a importância do apoio recebido.

Atividades

- Elaborar as estratégias de agradecimento aos apoiadores (uma carta, um evento de final de ano, um presente produzido na própria comunidade, depoimentos das pessoas que foram beneficiadas com o projeto, fotos, relatos de casos interessantes que aconteceram na biblioteca etc.).
- Definir se a prestação de contas será enviada juntamente com o presente.
- Preparar o material que será enviado aos parceiros.
- Definir o cronograma de produção e envio dos presentes.
- Acompanhar e monitorar a entrega do presente ao apoiador (certificar-se de que o presente foi recebido — que não ficou, por exemplo, parado na mesa da recepção da empresa ou da secretária da pessoa a quem o agradecimento foi enviado).

Modelo de carta de agradecimento

Prezado parceiro,

O ano de 20__ foi um ano de muita alegria para a nossa comunidade. Nesse período implantamos a biblioteca comunitária, projeto há muito sonhado e idealizado, com o objetivo de promover e facilitar o hábito de leitura na nossa comunidade.

Acreditamos que a leitura é uma das maneiras que temos para promover melhorias na nossa comunidade. Se os nossos moradores possuírem mais conhecimentos e estiverem mais bem informados, serão capazes de sugerir soluções novas e aplicáveis à nossa realidade. Também acreditamos que a leitura é um meio para aumentar a capacidade de diálogo na nossa comunidade e diminuir ainda mais as eventuais manifestações de violência.

Para a realização desse sonho, seu apoio foi fundamental. Com a doação recebida, foi possível mantermos a assinatura de três revistas semanais e dois jornais diários que chegam à biblioteca comunitária. Observamos que essas assinaturas contribuíram com o fluxo de moradores na biblioteca, uma vez que há a garantia de informação atualizada e gratuita.

Em agradecimento ao seu importante apoio, nossa comunidade envia-lhe essa carta de agradecimento e um pequeno brinde, produzido em nossa comunidade. Enviamos-lhe anexa a nossa prestação de contas do ano, além de alguns depoimentos de freqüentadores da biblioteca que ratificarão a importância da sua participação.

Esperamos sua visita e contamos com a continuidade do seu apoio.

Atenciosamente,

Biblioteca comunitária.

Prestação de contas

Objetivo

Dar transparência à gestão dos recursos captados e mostrar aos parceiros os benefícios gerados para a comunidade com o investimento feito.

Atividades

- Levantar todos os gastos que foram feitos e separá-los em grupos (livros adquiridos, quantidade de empréstimos realizados pela biblioteca no período, número de adultos e crianças que freqüentam a biblioteca com regularidade, material de papelaria, material de divulgação, atividades de leitura que foram promovidas, remuneração de pessoal se for o caso, assinatura de revistas ou jornais).
- Definir se a prestação de contas será feita por e-mail ou por carta.
- Preparar o material com todas as informações levantadas.
- Enviar a prestação de contas e afixá-la também no mural da biblioteca, para que toda a comunidade tenha acesso às informações.

Conclusão

O processo de transferência de tecnologia social, como foi apontado na introdução deste texto e como praticado pelo Pegs/Ebape/FGV, tem como intenção colocar à disposição de movimentos sociais, bem como de associações de moradores e produtores, conhecimentos que facilitem uma melhor sistematização de seus fazeres quando da busca da solução de problemas comunitários. Com esta perspectiva, comunitário significaria todas aquelas atividades que envolvam ações concertadas coletivamente, em prol do bem comum em uma dada sociedade e em um dado território, seja este território um espaço urbano ou rural. Portanto, atuar comunitariamente pressupõe a interação dos diferentes atores que compõem um espaço territorial — agentes sociais, públicos e econômicos.

O conhecimento aqui descrito tem origem na administração, área de conhecimento que procura criar instrumentos que racionalizem o fazer humano, neste caso um fazer comunitário, uma gestão comunitária, que ocorre desde o momento de identificação de carências a serem atendidas — planejamento da solução dessas carências por meio de um *projeto*; passando pela *administração* deste projeto, momento no qual a comunidade ou seus representantes põem em prática aquilo que foi planejado através da administração dos diferentes recursos: materiais, humanos e financeiros; e a *avaliação* do que foi executado, etapa na qual são verificados os resultados alcançados pelo planejado e executado. O texto é finalizado com um capítulo dedicado à *captação de recursos*, conteúdo que pode interagir tanto com a etapa de planejamento do projeto, quanto com a sua implementação.

Apesar de o texto ter a pretensão de ser um manual, uma maneira de como iniciar um processo de gestão, isso não significa que os conteúdos descritos esgotem os conhecimentos necessários a uma boa gestão. Aqui foram apenas relacionados, e de forma sumária, aqueles principais instrumentos que conformam um processo de gestão: planejar, executar e avaliar. Por outro lado, os exemplos expostos têm tão-somente o objetivo de demonstrar como o conceito, a teoria, pode ser levado à prática. Assim, cada situação vai exigir, da comunidade e/ou de seus representantes, as adaptações necessárias a sua realidade. O livro procura tão-somente facilitar a percepção do problema e o modo de melhor racionalizar a solução da situação.

Finalmente, relevamos a importância daquelas comunidades que, desde 1990, têm permitido que esses conhecimentos promovam a busca do seu bem-estar. Também salientamos o mérito daqueles graduandos, mestrandos e doutorandos da Ebape/FGV que, ao longo desses anos, colaboraram para tornar possível o objetivo de uma instituição de ensino, socializar o seu conhecimento por meio de processos de extensão universitária. Esse reconhecimento é, sem dúvida, estendido às referências bibliográficas que tornaram possível a sistematização substantiva e adjetiva deste texto.

Referências bibliográficas

ABUMANSUR, Helda; HARDWICK, Mary. *Captação de recursos*: da teoria à prática. São Paulo: Grupo de Estudos do Terceiro Setor, 2002.

DEMO, Pedro. *Participação é conquista*: noções de política social participativa. São Paulo: Cortez, 1988.

FALKEMBACH, Elza Maria Fonseca. *Planejamento participativo*: contribuições para um trabalho de base. Petrópolis: Vozes, 1987.

FISCHER, R. M. *Alianças estratégicas intersetoriais para atuação social*. São Paulo, 2002. Relatório de pesquisa Ceats. Disponível em: <www.ceats.org.br>. Acesso em: 25 jun. 2005.

LINS, Neylar. *Congresso Nacional sobre Investimento Social Privado*: desafios e perspectivas para o desenvolvimento brasileiro. São Paulo: Gife, 2001. Disponível em: <www.gife.org.br/pdf/congresso2000.pdf>. Acesso em: 25 jun. 2005.

LÓPEZ, Silvia (Coord.). *Reflexões da prática*: como articular parcerias entre organizações da sociedade civil e o empresariado. Brasília: Fundação Avina; Ceats-FIA, 2005.

MARTINS, Aneliese. *Captação de recursos*. 2005. Disponível em: <www.sol.sc.gov.br/fesporte/atividades/Forum/forum2005/palestras/>. Acesso em: 11 out. 2007.

ROCHA, Telma. *Programa de mobilização de recursos*. Recife, 2004. ms.

SPEAK, A.; BOYD, M.; SHIPLEY, K. *Oficinas de desenvolvimento e captação de recursos do Projeto Gets*. São Paulo: United Way of Canadá, 2002.

STEUR, René. Campanha anual: se a sua organização não tem uma, precisa implementar. *Revista Integração*, São Paulo, s.d. Disponível em: <http://integracao.fgvsp.br/ano10/09/financiadores.htm>. Acesso em: 18 out. 2007.

TENÓRIO, Fernando Guilherme (Coord.). *Administração de projetos comunitários*: abordagem prática. 5. ed. São Paulo: Loyola, 2002a.

_____ (Coord.). *Avaliação de projetos comunitários*: abordagem prática. 5. ed. São Paulo: Loyola, 2002b.

_____ (Coord.). *Elaboração de projetos comunitários*: abordagem prática. 5. ed. São Paulo: Loyola, 2002c.

Esta obra foi produzida nas
oficinas da Imos Gráfica e Editora na
cidade do Rio de Janeiro